ANTOINE GIROUST

PEINTRE D'HISTOIRE

DE L'ANCIENNE ACADÉMIE

ÉTUDE BIOGRAPHIQUE

1753-1817

PAR E. S., PETIT-NEVEU DU PEINTRE

PONTOISE

IMPRIMERIE DE AMÉDÉE PARIS

1888

Antoine GIROUST

PEINTRE D'HISTOIRE

DE L'ANCIENNE ACADÉMIE

ANTOINE GIROUST

PEINTRE D'HISTOIRE

DE L'ANCIENNE *Académie*

ÉTUDE BIOGRAPHIQUE

1753-1817

PAR E. S., PETIT-NEVEU DU PEINTRE

PONTOISE

IMPRIMERIE DE AMÉDÉE PARIS

—

1888

Ces notes ont été réunies pour la famille. Le nom d'un ancêtre, qui a tenu un rang honorable dans l'art de la Peinture, tombait lentement dans l'oubli, même parmi les artistes. La vie, les œuvres d'ANTOINE GIROUST n'étaient que bien imparfaitement connues de ses proches ; toutefois, sa fille aînée en gardait un souvenir plus fidèle, au-delà de l'âge de 85 ans, quand la pensée vint de recueillir ce témoignage défaillant : de trop courts instants y furent employés. De ce peu d'informations privées, des rares éclaircissements tirés de quelques dépôts publics, a été formée une biographie qui, pour être exacte et complète, eût demandé d'autres documents. Cependant les pages qui suivent se sont chargées de détails accessoires, de rapprochements qui auraient besoin d'être appuyés sur des preuves écrites, même de jugements d'art d'une incompétence trop certaine. Malgré tout, on voudra excuser témérités et lacunes de cette étude, en faveur du sentiment de famille qui l'a dirigée.

Juin 1887.

ANTOINE GIROUST

PEINTRE D'HISTOIRE DE L'ANCIENNE ACADÉMIE

(1753-1817)

I

Études et Concours

EAN-Antoine-Théodore Giroust naquit au hameau de Bussy-Saint-Georges, près Lagny-en-Brie, le 10 novembre 1753[1]. Son père, Antoine Giroust, y exploitait une grande ferme dite de Roquemont, en même temps qu'il était receveur de la terre seigneuriale de Bussy-Guermantes[2] : homme d'études en ses loisirs, il se départit en faveur de ce fils, l'aîné de dix enfants, des visées coutu-

---

[1] Acte de baptême : « L'an mil sept cent cinquante-trois le onzième jour de novembre, Jean-Antoine-Théodore Giroust, né le jour d'hier du légitime mariage de Antoine Giroust, receveur de la terre de Bussy, et de Jeanne Thaveau (*sic, il faut lire Taveau*), ses père et mère, a été baptisé par moi soussigné. Le parrain a été Thomas-Antoine Bloceau (*grand oncle paternel*), et la marraine Geneviève-Louise Coindard (*sic, au lieu de Coindart, aïeule maternelle*) qui ont signé avec nous, le père absent. Ont signé : G.-L. Coindard, Bloceau et Bumel curé. »

[2] La seigneurie de Bussy, divisée en deux sections, Bussy-Saint-Georges et Bussy-Saint-Martin, appartenait au xviie siècle à Louis Guibert, conseiller d'État, et fut acquise au siècle suivant par Paulin Poudra, grand audiencier, seigneur de Guermantes, dont la descendance possède encore le château de Guermantes et dépendances.

mières d'hérédité professionnelle, pour lui laisser libre carrière vers les arts. [1]

A l'âge de seize ans, en 1770, le jeune Giroust fut admis à suivre l'enseignement de l'Académie Royale de Peinture. Vien le patronnait : quelle origine de rapports avec ce maître? On aimerait à la trouver dans le monde des arts; hasardons une conjecture. Le jeune homme a des relations de parenté dans le vieux Paris central où lui-même a élu domicile, suivant le registre d'admission de l'Académie, « chez M. Le Bœuf, maître de pension, rue des Prouvaires »; citons deux oncles : François Giroust, dit des Postes, sur la paroisse Saint-Eustache ; Charles Giroust, dit le Jeune, encore négociant rue Saint-Denis, à la veille de se retirer agriculteur dans le Soissonnais. Or, un Giroust (prénommé Barthélemy) avait été mercier joaillier près Saint-Jacques-la-Boucherie ; sa fille, Marie-Suzanne Giroust, pastelliste, a épousé le 7 janvier 1759, à Saint-Eustache, le peintre Alexandre Roslin, académicien ; Vien, Coustou, ont été témoins, avec d'autres « dont les noms importent peu à l'histoire » (Dictionnaire de Jal) ; Madame Roslin devient elle-même académicienne en 1760, à l'heure des débuts de Giroust, et une grande intimité règne entre les ménages Vien et Roslin. Rencontre de conditions sociales, de noms et de lieux, d'où l'on peut induire quelques relations, un patronage d'artistes; peut-être aussi l'acte de mariage Roslin, reconstitué en son entier, eût mis sur la trace d'une parenté.

A l'atelier de Vien, Giroust connut Louis David, né dans ce même Paris commerçant, plus âgé de cinq ans; et surtout le Polonais Silvestre Mirys, un peu plus rapproché

---

[1] Liste des enfants Giroust-Taveau inscrits aux Archives communales de Bussy-Saint-Georges.

    1. Jean-Antoine-Théodore Giroust, né le 10 novembre . . . 1753
    2. Jeanne-Geneviève Giroust, née le 7 décembre 1754
    3. Louis Giroust, né le 25 août 1757
    4. Jean-Charles Giroust, né le 18 avril 1759
    5. Suzanne Giroust, née le 1er janvier 1761
    6. Marie-Reine Giroust, née le 8 décembre. 1762
    7. Etienne-Théodore Giroust, né le 28 février. 1764
    8. Georges-Jérôme Giroust, né le 7 août 1765
    9. Laurent-Maxime Giroust, né le 12 juillet 1767
   10. Jeanne-Adelaïde Giroust, née le 8 juillet . . . . 1769.

d'âge ; l'un et l'autre devaient tenir une grande place dans sa vie.

A la fin de 1775, Giroust perdit les leçons de Vien, qui prit la direction de notre École de Rome : David l'y accompagnait. En cette même année Giroust remporta des médailles de trimestre, ce qui lui permettait l'accès des concours pour le prix de Rome. Dans une période de trois années, il semble qu'il fréquenta l'atelier privé de Nicolas-Bernard Lépicié, nommé professeur à l'Académie et peintre du Roi en 1776 ; c'est du moins sous le titre d'élève de ce maître que le grand prix lui sera décerné. On peut donc penser que si l'enseignement de Vien avait inculqué aux débuts de notre artiste des principes sévères, ses dernières études s'étaient accomplies sous l'influence de doctrines académiques plus libres. [1]

Le nom de Mirys a droit ici à une place que les biographes lui ont trop mesurée. Arrivé à Paris en 1769, ainsi qu'il le déclare dans une lettre publiée par la *Revue de l'Art Français* (Juillet 1886), après avoir étudié en Pologne sous son père, peintre lui-même, il n'avait fait que traverser l'atelier de Vien, car dès l'année suivante sa situation, assez précaire, s'améliora d'une façon inattendue. A cette époque, le duc d'Orléans (Louis-Philippe Ier, 1723-1785) ayant appelé au Palais-Royal, en qualité de dame d'honneur de sa bru la jeune duchesse de Chartres, Mme la comtesse de Genlis, cette dernière fit choix de notre peintre Polonais pour le poste de « professeur d'histoire et de dessin » de la princesse *(Mémoires de Mme de Genlis*, édition Ladvocat, t. II, p. 257). Mirys « qui

[1] Nicolas-Bernard Lépicié (1735-1785), fils de Bernard Lépicié, graveur, historiographe de l'Académie et auteur de la *Vie des Peintres*, (1698-1755), avait été élève de Carle Van Loo et devint académicien en 1768. Son mérite comme peintre d'histoire est fort discuté par Diderot, dont les railleries à peu près générales s'en prennent surtout, selon l'habitude du critique, à la froideur.

On cite de lui dans la période qui nous occupe : au Salon de 1775, « *le duc de Chartres regardant son enfant* (le jeune duc de Valois, depuis Louis-Philippe Ier) *au berceau* », occasion particulière pour Giroust d'une relation qui aurait été nouée au Palais-Royal ; en 1777, « *Portia, fille de Caton, femme de Brutus* » (voulant être associée à la conjuration de Brutus, elle lui révèle qu'elle s'est blessée volontairement pour faire l'épreuve de sa fermeté, *Jules César* de Shakespeare). Ce sujet de grande vertu républicaine et autres formaient le patriotisme de l'atelier. Ses œuvres de genre, déjà très appréciées de son temps et malignement opposées à ses œuvres de style, ont acquis de nos jours une grande faveur et l'ont fait proclamer le successeur de Chardin. Son portrait fait par lui-même, à l'Exposition des Portraits du Siècle de 1885, a été remarqué pour sa vérité et sa vigueur de coloris.

a été célèbre depuis », disent encore ces Mémoires, peignait à la gouache, genre fort à la mode, des tableaux historiques en personnages minuscules, d'après les grands traits de la Grèce et de Rome que « tirait de ses extraits » une collaboratrice experte en savoir élégant. [1]

Quelque temps après, Mirys prit une résidence qui convenait à ses fonctions, au hameau de la Villette-aux-Aulnes, voisin du Raincy [2]. Le duc d'Orléans avait acheté le domaine du Raincy vers 1770, lors de son mariage secret avec Mme de Montesson, belle-tante de Mme de Genlis, et en faisait sa résidence habituelle. Peut-être cette villégiature de Mirys coïncida-t-elle avec un changement qui survint dans la situation de la famille Giroust.

Le 8 mai 1773, Giroust père se rendit acquéreur, au Châtelet de Paris, d'un petit domaine appelé la Ferme du Vivier, au bourg de Mitry-en-France, à proximité de la Villette-aux-Aulnes ; il quitta Bussy avec tous les siens pour vivre sur ses terres propres avec plus de facilité et d'avantages. Bientôt d'étroites relations de voisinage s'établirent avec le peintre Mirys, soit qu'elles fussent dues à la connaissance d'atelier faite par le jeune Giroust, soit qu'elles eussent pris naissance dans quelques rapprochements que la chasse créa entre la résidence princière et la Ferme du Vivier. Giroust père offrant parfois parcours et halte de chasse aux hôtes du Raincy, fut invité aux grandes fêtes cynégétiques qui s'y

[1] Après des notes insuffisantes de Nægler sur les Mirys père et fils, Renouvier, dans son « *Histoire de l'Art pendant la Révolution* », a été seul à parler du fils comme peintre et dessinateur. Il cite deux pièces comme début : *Trait d'humanité de Mgr le duc d'Orléans* (attribué par Nægler à Mirys père) ; *portrait de Mme de Genlis*, assise à son bureau, en écusson une lampe avec cette devise « pour éclairer tu te consumes », gravé par Copia. Plus tard : « *la Réflexion de l'Amour* », tête d'étude ; « *l'Histoire Romaine* » en vignettes, trop académiques selon le biographe, avec légendes pleines d'allusions : cette série a pu faire partie de l'enseignement du Palais-Royal, s'il est exact que Mirys, comme il le dit dans la lettre citée, l'ait commencée en 1782, époque où son rôle de professeur prit fin ; mais les légendes ont dû être bien modifiées dans la publication faite en l'an VIII pour la République, entreprise en l'an XII pour les Empereurs. Autre série sans doute, « une collection de gouaches représentant toutes les belles actions de nos jours dont j'avais été le témoin », dit Mme de Genlis, qui fut heureuse de la sauver des désastres de l'émigration.

Renouvier a reconnu avec raison l'artiste qui nous occupe dans le graveur *Micris*, cité par Miette de Villars parmi les amis de David sous l'Empire (*Mémoires de David*, p. 35) ; ce nom a été écrit des manières les plus diverses, mais nous trouvons la signature authentique *Silvestre Mirys* dans le testament de Giroust père, dont Mirys fut l'un des témoins.

[2] Cette propriété a depuis appartenu à M. Pepin-Lehalleur, président du Tribunal de Commerce de la Seine.

donnaient. Plus tard, le Vivier reçut la visite des enfants du duc de Chartres, sous la conduite de leur gouvernante, la comtesse de Genlis, quand ses leçons descendaient à une étude de la vie rustique.

Qu'était ce séjour, où nous serons ramenés plus d'une fois ? Sur l'emplacement d'un antique manoir et de ses viviers, un pavillon reconstruit dans le goût de l'époque, pelouses et bois dessinés à *l'anglaise* (haute nouveauté), frangeant de verdure un repli de terrain que domine le bourg de Mitry ; grands bâtiments de culture ; terres fertiles au centre de la vaste plaine qui s'incline, silonnée de ravins et pointée de clochers, de la crête de Dammartin aux collines boisées de Vaujours.

Une nombreuse famille, les relations qu'attirent l'art et la jeunesse, donnèrent une grande animation au Vivier jusqu'aux mauvais jours de la Révolution.

L'amitié de Mirys soutint Giroust dans sa carrière et lui assura au moins la libre fréquentation de la superbe galerie de tableaux du Palais-Royal : notre artiste, dans la contemplation assidue des chefs-d'œuvre, ce qui valait bien d'autres leçons, comprit la dignité du style, les travers du genre maniéré.

La période de concours où il entra était encore agitée des remontrances faites par le comte d'Angiviller en 1775 sur la faiblesse des esquisses et l'indépendance des élèves ; grande sévérité après les deux concours qui avaient couronné Peyron et David. Le prix de l'année ne fut décerné qu'après beaucoup d'hésitations à Bonvoisin.

Cependant, dès 1776, paraît un nom promis à la célébrité, Regnault, second prix de l'an précédent ; Giroust avait concouru pour la première fois [1]. En 1777, aucun prix donné. En 1778, à sa troisième épreuve, Giroust remporta le grand prix, qui lui fut décerné dans la séance de l'Académie

[1] Regnault est désigné au procès-verbal de l'Académie comme « élève de M. Lépicié ». Cependant les biographes ne lui donnent comme maître que Bardin, avec qui il avait voyagé à Rome : le Pausanias Français le félicite d'avoir débuté sous ce maître, sage réformateur comme Vien, « sans avoir sucé le poison de la manière académique, s'étant nourri d'abord du lait de l'antiquité. » Regnault fréquenta-t-il l'atelier privé de Lépicié, au Louvre, ou suivit-il seulement ses leçons officielles ? La même question se pose pour Giroust. En tous cas, les deux noms se suivirent au concours de Rome et dans l'école qui maintint l'indépendance du pinceau sans renier l'académie.

du 24 août : Saint-Ours, Chaise, obtinrent deux seconds prix. [1]

Notons encore les résultats des années suivantes, qui semblent dénoter une hésitation de nos jeunes artistes dans leur voie : En 1779, aucun prix ; en 1780, 1781, succès de deux étrangers, Saint-Ours, de Genève, Vignali, de Monaco.

Le sujet du concours qui avait couronné Giroust était ainsi libellé : « David condamne à mort l'Amalécite qui vient lui annoncer *celle* de Saül en lui apportant la couronne. » Le tableau est conservé à l'École moderne des Beaux-Arts ; le cadre porte : Indignation de David. A la suite d'une longue série d'œuvres de concours altérées par les pratiques maniérées de la Décadence, la composition de Giroust est l'une des premières qui se distinguent par une dignité simple, ce qu'on a appelé, à propos du prix de Peyron, « le retour au grand goût ». L'action est concentrée entre trois personnages : David, sur les marches d'un portique, se rejette en arrière d'un mouvement indigné ; le misérable étranger se courbe, épouvanté, sous sa condamnation ; un garde va le saisir ; les figures accessoires sont sobrement indiquées.

Les Nouvelles archives de l'Art Français (année 1879, p. 367) ont reproduit, parmi les brevets d'élèves de l'Académie de Rome, celui délivré le 1er septembre 1778 au lauréat proclamé quelques jours avant, Jean-Antoine-Théodore Giroust ; les noms sont devenus : Antoine-Théodore Giroux du Paris. Quant au nom patronymique, il y a eu, au dernier siècle, dans les actes même authentiques, les deux manières de l'écrire : *Giroust* et *Giroux ;* plus tard il a subi, quand on le rapportait à l'artiste, toutes les variantes imaginables ; nous les retrouverons. Quant au nom additionnel *du Paris*, il faut l'expliquer.

Giroust père avait acquis le Vivier de la succession d'Armand-Jérôme Bignon, Bibliothécaire du Roi par tradition de famille, deux fois Académicien, Prévôt des Marchands de Paris ; ses titres nobiliaires affranchissaient ses biens de certaines fiscalités. Giroust père s'assura les mêmes avantages en se munissant, à un prix assez élevé, du titre d'Écuyer,

---

[1] Les concurrents étaient : Perrin, Saint-Ours, Sallos, Giroud (sic), admis le 27 mars, auxquels furent adjoints postérieurement Bourdon, Chaise, Gallet.

Conseiller secrétaire du Roi. Visa-t-il quelque fonction dans l'édilité parisienne ? Rêva-t-il l'Académie pour son fils ? On pourrait le croire : autorisé par l'usage en pareil cas, il aurait pris ce second nom assez singulier « *du Paris.* » Il l'oublia bientôt, son fils n'en tint nul compte. [1]

Antoine Giroust s'était préparé aux concours, non seulement par des études, mais par des travaux importants. Ni l'aiguillon de la nécessité, ni l'humeur ambitieuse ne l'excitaient à chercher la renommée : on ne le vit paraître ni aux exhibitions de la place Dauphine, permises à *la Jeunesse*, le jour de l'octave de la Fête-Dieu, pour quelques heures, ni aux rares expositions libres qui se produisaient timidement en émulation des Salons bisannuels du Louvre, l'Académie de Saint-Luc à l'hôtel Jabach, le « Salon des Grâces » au Colisée (1776), jusqu'au jour où la déclaration du Roi, célébrée sous le nom de Liberté des Arts, y mit fin ; il se gardait des vitrines des « marchands de curiosités » du Pont-Notre-Dame, méchante note [2] ; ses goûts étaient d'un amateur, il voua ses travaux à la famille. Ses premières œuvres décoreront le salon du Vivier ; quatre panneaux, deux hauts

(1) En réalité, Giroust père rattacha son titre de secrétaire du roi à la fonction très modestement honorifique « d'audiencier en la chancellerie près la Cour du Parlement de Metz », dans laquelle il fut reçu le 30 juin 1777 (Histoire du Parlement de Metz, Biographies, par Étienne Michel, Metz, 1853).

Un Conseiller du Roi, quartenier au corps de l'Hôtel-de-Ville de Paris en 1773, fut Guillaume-Michel Giroust, avocat au Parlement, notaire à Paris (Armorial des Conseillers de l'Hôtel-de-Ville, conservé au Musée Carnavalet). De fausses apparences l'ont fait confondre avec Antoine Giroust père dans une note communiquée à la *Revue de l'Art Français*, mars 1884.

(2) Giroust ne figure pas dans la nomenclature d'artistes ayant paru à ces expositions, donnée par M. Bellier de la Chavignerie, sous le titre un peu élastique « Peintres oubliés ou dédaignés du xviiie siècle. »

Parmi les magasins d'art, Giroust, pensionnaire à la rue des Prouvaires, ne put guère ignorer celui du sieur Boquet, « établi rue Saint-Denis, vis-à-vis la rue de la Truanderie », (dans son voisinage immédiat), dont la fille, Mlle Boquet, peintre pastelliste de Saint-Luc, recevait chaque soir la visite de Mlle Louise Vigée, « rivale de talent et de beauté en ces temps où réellement la beauté était une illustration », sans préjudice des rencontres à l'atelier de Briard, au Louvre, et des promenades du Palais-Royal (Souvenirs de Mme Vigée-Lebrun). Mais nous ne pouvons reconnaître ni notre artiste ni son jeune frère, l'abbé Jérôme, dans *l'abbé Giroux*, dont le portrait est mentionné avec la date de 1774 dans la nomenclature des œuvres de Mme Vigée-Lebrun, donnée par elle, surtout si c'est le même abbé dont le nom se trouve fort indiscrètement mêlé à la singulière plainte que Lebrun, peu après son mariage, adressait au commissaire de son quartier contre un compétiteur injurieux, le comte de Brie (amateur déjà mêlé aux débats conjugaux du peintre Greuze). Peut-être s'agit-il du musicien François Giroust (1730-1799), maître de chapelle aux Saints-Innocents (les Halles), surintendant de la chapelle royale à Versailles en 1776. — Archives Nouvelles, 1872, p. 342. — De Goncourt, *l'Art au xviiie siècle.*

et larges, deux autres plus étroits. Il lui plut de prendre pour motifs de ses tableaux d'histoire les sujets donnés aux derniers concours, rivalisant ainsi dans des compositions plus développées avec les lauréats.

D'abord, et dans l'ordre des dates, « *la Maladie d'Antiochus* » (prix de David en 1774), sujet d'expression bien difficile, que nul n'a abordé sans péril.

Traitant cette scène dans de grandes dimensions (environ 1 mètre 94 centimètres de largeur sur 1 mètre 62 de hauteur), Giroust lui donna toute la magnificence traditionnelle dans l'École Française ; il en trouvait d'ailleurs l'exemple dans l'œuvre de Gérard de Lairesse, dit le Poussin Hollandais, que Guizot analysera, dans celle de l'élégant et froid Van der Werff, décrite aux Notices de Villot, et même chez un contemporain, l'Anglais Benjamin West, dont la composition de Giroust se rapproche, mais avec quelle supériorité de goût ! [1] Dans la comparaison des diverses conceptions du sujet, Giroust trouverait bien des avantages : il a saisi le moment de l'action qui arrêtera un goût délicat, selon l'annotateur de Lairesse, c'est celui de la visite de Seleucus et de Stratonice au malade avec offre d'une couronne, « car, à l'abattement du jeune prince, il est difficile de croire qu'il reçoit actuellement la nouvelle qui doit lui rendre la santé... L'attitude et l'expression d'Antiochus sont remplies de charme ; ses yeux baissés... annoncent avec une grâce infinie la timide pudeur qui convient au caractère de la passion du jeune homme, prêt à mourir plutôt que de laisser échapper son secret ; Stratonice y répond par un embarras presque égal au sien. » Ici, toutefois, le malade ne retient pas, les mains croisées sur sa poitrine, le vêtement qui s'échappe de dessus ses épaules ; soulevé sur sa couche, allangui mais non défaillant, le buste nu d'une nudité chaste et académique, un bras pendant, l'autre livré au médecin qui seul a compris, il détourne avec effort, à l'approche de la reine, son visage amaigri, sans se trahir par aucun geste, réserve exquise qu'on ne rencontre pas ailleurs. Si, chez Giroust, le roi Seleucus, écueil du sujet, est insuffisant, maniéré même, du moins il ne s'abandonne pas comme chez Lairesse, auquel on peut

---

[1] Le tableau de West a été gravé à Londres par Valgreen en 1776, gravé et lithographié à Paris par Allais en 1828.

joindre Louis David, à un geste déplacé désignant la reine :
quant à enfouir ce père désolé sous une lourde et plate
draperie, comme l'ont fait West et Ingres, nous n'y pouvons
voir un trait de génie (le critique Thoré a jugé en ce sens la
« *Stratonice* » d'Ingres), mais plutôt une difficulté éludée.
Du reste, la pompe du genre ancien est loin d'avoir l'autorité
esthétique de l'œuvre moderne, renfermant le drame muet
dans deux figures, l'Antiochus effrayé de son amour, la
Stratonice, vision « qui passe », forme caressée sous l'inspiration du beau calme antique. Dans cette première œuvre, la
facture de Giroust est à la fois large et étudiée, particulièrement dans les nus : la couleur, riche en demi teintes, semble
se rapprocher des tons vaporeux et argentins employés par
Fragonard dans son célèbre tableau d'histoire « *le Sacrifice
de Corésus* », ou attribués à la peinture de Lépicié ; de l'un
et de l'autre, Giroust put aussi tenir quelque incertitude de
dessin. En somme, ce tableau est une brillante étude de l'art
académique en voie de réformation.

Les deux toiles plus petites (dimensions : environ 1 mètre
62 centimètres de hauteur sur 1 mètre 29 de largeur) furent :
un « *Alexandre visitant Diogène* », sujet du prix de Regnault
(1776), avec qui Giroust avait concouru, et « *Aman confondu
par Esther devant Assuérus* », sujet du prix de Bonvoisin
(1775).

La composition de l'*Alexandre* de Giroust diffère de celle
de Regnault en ce qu'à raison de la hauteur de la toile, son
Alexandre, au lieu d'être à pied, monte un superbe cheval
blanc, objet particulier d'étude. Le héros et ses officiers
s'avancent brillants vers le tonneau du philosophe déguenillé.
La recherche du style noble approprié au sujet, le dessin
correct, des couleurs vives, caractérisent les deux émules.

L'*Esther* est une composition bien ordonnée dans le style
de magnificence de l'*Antiochus* : à droite, Esther sur le trône
dans de riches atours, au milieu de suivantes étonnées ;
debout sur une estrade, Assuérus, d'un geste impérieux,
condamne Aman que les gardes entraînent demi-renversé,
approchant de son visage un voile blanc pour soustraire à
sa vue, selon le rite, la face auguste du maître ; à gauche
l'exécuteur, d'une taille d'athlète et d'une quasi-nudité académique, offre une étude consciencieuse et savante : groupe de

courtisans, perspective d'architecture ouverte sur des jardins encadrant la scène. Le dessin a acquis de la précision ; la couleur, de l'énergie. Ce tableau, dans lequel on croit reconnaître la trace d'études Romaines, a pu être au moins achevé après le retour de Giroust de l'Italie.

La quatrième toile, de la grande dimension de la *Maladie d'Antiochus*, avait pour sujet « *l'Historien Juif Josèphe délivré à Rome de ses fers* ». Nous ignorons si ce fut le thème du concours non couronné de 1777 ; nous y reconnaissons, avec plus de certitude, la note de plus fortes études, d'un autre temps et d'un autre caractère : nous y reviendrons après le séjour de Rome,

Ces travaux de jeunesse furent conservés par la sollicitude paternelle aux dernières années de l'artiste ; Giroust père les lui légua, comme prélèvement particulier de succession, par testament authentique (Nonclair, notaire à Claye, 3o vendémiaire, an XIII) ; l'un des témoins fut un ancien ami, « M. Silvestre Mirys, artiste, demeurant à Paris, rue des Postes, n° 6. »

. . . .

A cette période de la vie de Giroust se rattachent quelques portraits de famille : le style en fait foi, aussi bien que l'âge des personnages représentés.

Son père, cinquante-cinq ans environ, est en tenue de campagnard, veste et gilet ouverts, col libre : tête et visage ronds, front élevé demi-dénudé, cheveux courts et frisants ; les traits sont fins, les lèvres minces, le regard est plein de vivacité ; une forte initiative respire dans cette figure, que les labeurs de la vie rustique n'ont nullement affaissée.

La mère de l'artiste, bien plus jeune, simple figure sans apprêt de toilette : le visage est d'un ovale un peu allongé, esquissant un sourire dont la bienveillance corrige quelque défaut de grâce dans le pli de la bouche ; physionomie douce et animée ; cheveux à la Titus (ce qui est aussi une date) rattachés par un ruban blanc.

Le dessin de ces deux figures est pur et délicat, le sentiment de nature en est vif ; les couleurs douces que le temps avait presque effacées ont été tout récemment revivées avec succès.

Le Vivier a conservé longtemps des portraits au crayon

de frères et sœurs d'Antoine Giroust, qui se distinguent par la même délicatesse de dessin et d'expression :

Charles Giroust, jeune homme de dix-huit ans, plus tard militaire ;

Jérôme Giroust, qui fut prêtre ; habit religieux à petit collet, cheveux longs, jeune tête énergique ;

Suzanne Giroust, aimable crayon noir rehaussé de rouge, traits peu réguliers avec une pointe de malice dans l'expression, comme le pratiquait l'École des Grâces, coiffure relevée à la mode dite...

Puis encore les pastels des père et mère, le chef de famille dans le costume de la charge dont nous avons parlé. [1]

Bien d'autres études sans doute, par mauvais sort, ont disparu.

[1] Les portraits à l'huile des père et mère sont en la possession de Mme veuve G***, une nièce de l'artiste, à Versailles. Ceux au pastel avaient été recueillis par feu le docteur T***, médecin des hôpitaux, l'un des petits-fils, qui conservait aussi les portraits des aïeuls Taveau-Coindard : ces dernières peintures, un peu dures, ont une date antérieure à 1769, époque de la mort de Jean Taveau, mais ne remontent pas au-delà de 1762, à raison de l'âge d'une jeune fille qui se trouve près de sa grand'mère et qui serait, soit Jeanne-Geneviève Giroust, née en 1754, soit Suzanne-Blanche, née le 1er janvier 1761.

Le portrait de Jérôme Giroust est en la possession de M. M***, à Serres ; celui de Suzanne, en la possession de M. S***, petit-neveu.

II

L'École de Rome

Giroust arrivait à l'École de Rome en l'automne de 1778, à un moment important et décisif dans l'histoire de l'Art Français. Depuis trois ans, Vien avait pris la direction de l'École, porté par l'opinion comme réformateur de la discipline et de la doctrine : tâche où il rencontrait des difficultés vis-à-vis de jeunes gens épris de liberté et déjà formés selon des goûts divers. Rentrant à Rome à vingt-cinq ans de distance d'un premier séjour, où il avait manifesté l'indépendance et le naturel de son talent en peignant son « Ermite endormi », après avoir ouvert par l'exemple et l'enseignement une nouvelle période de l'art, que l'on peut dater de son « Saint Denis prêchant dans les Gaules » (1767), il avait retrouvé à l'École ses principes appliqués par ses premiers élèves achevant leurs études, Ménageot, Vincent, Le Monnier, Taillasson, qui allaient produire aux Salons des œuvres d'un style noble et vrai. Avec lui était arrivée une autre promotion, Peyron, Louis David, les deux derniers Élèves Protégés, Bonvoisin; l'année suivante, Regnault.

Mais alors aussi la curiosité des arts de l'antiquité, qui entraînait les esprits depuis un demi-siècle, était portée à Rome à son comble. On a attribué le mérite de cette seconde Renaissance, qu'on a nommée l'*archaïsme*, à la seule Allemagne, représentée par l'antiquaire Winckelmann, associé au peintre Raphaël Mengs. C'est trop diminuer le rôle de la France : si elle a bénéficié particulièrement de cette rénovation, c'est qu'elle avait puissamment contribué à la préparer.

Elle avait concouru avec toutes les nations savantes de

l'Europe, à la faveur de l'apaisement des guerres, aux travaux d'érudition qui avaient été les précurseurs, comme trois siècles auparavant, des recherches d'art ; mais ces dernières avaient trouvé un aliment bien plus riche qu'autrefois dans les monuments d'Herculanum arrachés aux laves du Vésuve et dans des fouilles poursuivies de tous côtés ; la France s'y était associée, reprenant à Rome sa haute prépondérance par nos ambassades, par le nouvel éclat de notre École, sous la tutelle de Directeurs des Arts rapprochés du pouvoir et magnifiques, tels que le duc d'Antin, Lenormant de Tournehem, le marquis de Marigny. Dès 1715, le comte de Caylus y étudiait avec une pléiade d'amateurs ; les grands collectionneurs du siècle, nobles et financiers, se succédaient en Italie pour y former leur goût ; parmi eux, à diverses reprises, Watelet fort influent ; c'était une génération vouée à l'archéologie et aux arts. Les voyages se multipliaient : le Président de Brosses et ses amis, « une invasion de Bourguignons », parcouraient l'Italie jusqu'à Naples, sciences et arts rivalisant ; on visitait Herculanum retrouvé, Pæstum oublié, et pour la première fois rapport en était fait à une société savante, notre Académie (1739). Une sorte d'ambassade artistique, la visite du marquis de Vandières, avec l'escorte de Nicolas Cochin, Soufflot, l'abbé Leblanc, se préparant au gouvernement des arts qu'il exercera dignement sous un autre nom (1750). A la même heure, La Bruère, premier directeur du *Mercure de France*, rencontrant Joseph Vernet, formait alliance entre les lettres et les arts. En 1756, une ambassade politique, celle du comte de Stainville, futur duc de Choiseul, fait époque pour la science et l'art, par la présence de l'aimable comtesse « protectrice née des savants » comme petitefille d'un Crozat, et de ses hôtes, l'universel abbé Barthélemy, correspondant de Caylus, le Président de Cotte, de la Monnoie des Médailles ; ceux-ci voyagent avec Guiard sculpteur, l'abbé Gougenot, Greuze. Puis encore, amateurs et artistes réunis, les frères de Saint-Non avec Hubert-Robert, Fragonard (1760), Watelet et toute sa société du Moulin-Joli, en l'hiver de 1764. Le comte de Caylus avait commencé en 1752 sa belle publication « *Recueil d'Antiquités* », Dancarville produisait les *Collections Étrusques d'Hamilton*, l'*Encyclopédie* était née, donnant de fortes études sur les Beaux-Arts, par l’impulsion de Diderot (1752), alors que l’on devait attendre plusieurs années encore les premiers travaux de l’Académie d’Herculanum, fondée par Don Carlos des Deux-Siciles (Charles III d’Espagne), un descendant du grand roi.

En 1764 seulement, l’Allemagne se distingue par les savantes analyses de Winckelmann « *Histoire de l’Art chez les Anciens* », et par les sages mais froides imitations de Mengs : rôle de peu de durée auquel mirent fin, pour l’un, une mort funeste, pour l’autre, les hautes faveurs de l’Espagne. Mais aussitôt l’ascendant Français grandit avec le « Ministère », puissant en deux conclaves, du cardinal de Bernis, qui sut se créer à Rome une sorte de royauté : magnificence et protection des Arts étaient le double signe sous lequel les Romains reconnaissaient encore en lui un vrai représentant du successeur de Louis XIV ; notre école facilitée dans les études par son crédit, se rangeait sous son bienveillant protectorat ; ce règne durera vingt-cinq ans (1769-1793).

Le nouveau Directeur, Vien, quelles que fussent ses méthodes saines et fortes, pourra-t-il faire autrement qu’associer ses élèves dans une large mesure au goût régnant de l’antiquité ? De là naîtra le danger d’un idéal tiré trop exclusivement de la statuaire, pour le perfectionnement du dessin et du style. Pendant que lui-même se consacrait désormais à l’interprétation de l’*Iliade*, Peyron tentait une rivalité dans la composition de sujets antiques, touchants et sévères, *les Jeunes Athéniens livrés au Minotaure*, *les Funérailles de Miltiade* ; Regnault, plus libre, s’inspirait des peintres Bolonais dans un *Baptême du Christ* que Mengs, près de sa fin, prit pour un tableau de maître ; l’élève favori, David, se dépouillant avec peine du style maniéré, multipliait cartons d’étude, copies de bas-reliefs, académies sans cesse corrigées, en proie à une humeur sombre que le voyage même de Naples ne pouvait vaincre. La quatrième année s’écoulait sans résultats caractéristiques.

Giroust, qui commençait son stage, avait donné ce début aux études exigées par le Directeur. En voici le résultat, jugé par l’Académie le 13 février 1780 sur les envois à elle faits des ouvrages de pensionnaires : déjà, ils avaient été exposés à Rome en novembre précédent, dans les salons du Palais Mancini, cette résidence somptueuse mais incommode de l'École d'alors, et cette heureuse innovation avait rencontré la faveur publique. « La figure de Giroust a bien, dans la lumière, le ton local de la chair, ainsi qu'une transparence douce et animée dans les ombres. La dégradation de lumière est bien observée : on peut lui reprocher quelques incorrections et surtout lui faire remarquer que le *gros* n'est pas toujours le *grand*, le grand n'existant réellement que par les proportions relatives ; mais nous croyons devoir l'encourager parce qu'il nous paraît dans la bonne route. » Nous connaissons de Giroust une Académie justifiant pour le moins l'appréciation tempérée qui précède : un homme assis, vu de dos et de trois quarts, une jambe repliée sur l'autre. Mais la grandeur *nature* de ce morceau ne paraît pas appeler la distinction du *gros* et du *grand*. Faut-il croire qu'elle s'applique à quelque étude d'après le vaste tableau du Guerchin, *Sainte Pétronille*, dont Giroust fera bientôt la copie ? En ce cas, l'Académie que nous signalons serait celle qu'il fit, pour satisfaire au règlement, çn quatrième année, comme on le voit par la correspondance du Directeur.

En l'automne de 1779, une prorogation d'une année fut accordée d'office aux pensionnaires peintres qui terminaient leur stage, Peyron, David, Bonvoisin : David, qui avait hésité à accepter cette faveur, surmonta enfin par le travail son humeur maladive ; l'année 1779-1780 vit régner parmi nos jeunes artistes une émulation exceptionnelle.

L'heure était décisive. Elle réunissait à Rome, autour d'une noblesse et d'une prélature dévouées à l'art et à la science, toute une élite. L'art sévère y était représenté par Raphaël Mengs, mourant, par le vieux et sage Pompeo Battoni (1708-1787) qui, se rattachant aux Carraches par Carlo Maratti (1625-1713), devait léguer sa palette à David ; par le jeune Canova, venu de Venise en un premier voyage pour soumettre ses essais à la comparaison des sculptures antiques ; Quatremère de Quincy l'entrevit dans cette visite et écrira : « depuis quelques années, une nouvelle aurore commençait à luire », et trois ans plus tard, se liant avec le sculpteur dans un second voyage, il lui communiquera sa foi dans les œuvres inspirées de l'antiquité. Les deux derniers Papes en avaient voulu réunir les plus beaux monuments dans leur palais même du Vatican, et le Musée Pio-Clémentin, complétant celui du Capitole, s'ouvrait aux recherches des érudits et des artistes, mis en relief par les travaux des Visconti père et fils. Auprès d'eux, Seroux d'Agincourt, financier séduit par l'art, se fixe à Rome pour la vie dans l'intimité du cardinal de Bernis, réunissant les matériaux de son *Histoire de l'Art*, continuation de celle de Winckelmann ; Jean-Baptiste Giraud, amateur adonné à la sculpture, consacrant une fortune à la première collection de surmoulés de l'Antique, en propage à l'École les théories avec Émeric David, son compatriote et émule ; l'Institut de France a dans ces noms de futures gloires. Le groupe de nos jeunes peintres est fortifié de celui des pensionnaires sculpteurs et architectes, entrés déjà dans le mouvement d'études grecques [1], d'artistes nationaux fréquentant l'Académie, Aubry, Silvestre, Danloux, Valenciennes ; puis encore les premiers lauréats de l'Académie de Dijon, le gouvernement de Bourgogne ayant voulu avoir ses prix de Rome ; ceux de l'École d'Espagne, récemment fondée par Charles III.

Alors David sortit des rangs : il produisit, aux acclamations de l'École, sa « *Peste de saint Roch* » (à la Santé de Marseille), réminiscence des peintres Bolonais, empreinte d'une note très personnelle, notamment dans une des plus belles figures qu'ait tracées le pinceau de l'artiste ; il fit l'esquisse et quelques études de son « grand projet », « *le Bélisaire recevant l'aumône* », qu'il destinait à sa réception à l'Académie. Peyron esquissa la plus noble de ses œuvres : « *Alceste se dévouant à la mort pour sauver son époux.* » Regnault composa le « *Persée délivrant Andromède* » qui servit à son agrément, et peut-être l'esquisse de son « *Éducation d'Achille* », qui devait être la première interprétation brillante de l'antiquité à nos Salons. Giroust était alors seulement dans la seconde année de son stage : nous attribuons à cette époque les études et l'exécution plus ou moins complète de son « *Historien Josèphe* », sujet de style romain ; et aussi, selon un témoignage autorisé, l'esquisse de son « *Œdipe à Colone* », étude grecque présentant des

---

(1) Dans cette période, le stage de Giroust, les élèves sculpteurs furent : Segla, qui exécuta le buste dédié par d'Agincourt dans le *Panthéon*, à Poussin, *pictori Gallo*, Labussière ; puis Lamarie, Suzanne, grands prix de 1778, de Seine (1780), Baccari (1781) ; les architectes : Després, qui s'attacha à la peinture et vécut en Suède, Deseine (1778), de Lannois (1780).

analogies voulues de composition avec le *Bélisaire* romain de son condisciple David ; œuvre conçue aussi, semble-t-il, dans les libres et amicales communications de l'atelier, en vue d'une réception à l'Académie, ce qui se réalisera. [1]

L'année s'acheva par la séparation de ce groupe. En 1781, Giroust restait seul pensionnaire peintre : Peyron prolongea son séjour à ses frais. Cependant Perrin, depuis longtemps lauréat du second prix, fut nommé à la place de Saint-Ours, grand prix de 1780, qu'excluait sa qualité d'étranger. L'année suivante une décision plus gracieuse fut prise à l'égard de Saint-Ours, qui put jouir de quelques-uns des avantages de la pension. [2]

Giroust retrouva un émule et un ami : un portrait qui représente notre artiste dans l'éclat de la jeunesse, semble dû à cette rencontre. Le témoignage de la fille aînée de Giroust a attribué l'exécution de ce portrait à Saint-Ours ; c'est une peinture chaude et expressive que la nature du talent de l'un et de l'autre pourrait revendiquer. Le modèle était d'ailleurs bien avantageux : figure bonne, franche et ouverte ; front découvert, sous une chevelure brune sans apprêt ; belle arcade sourcilière et regard de feu souriant à l'avenir, sans pose visant à l'inspiration ; traits délicats. La tenue est libre et aisée, cravate blanche dénouée, habit gris à revers blancs, anémones à la boutonnière. [3]

Le directorat de Vien prit fin après six ans écoulés, délai désormais réglementaire, dont le trop long exercice de Natoire avait fait reconnaître la nécessité. Dans ce court espace de temps, Vien n'avait pu établir un nouveau système d'art, ce qu'on appellera l'*archaïsme* : ce sera l'œuvre de son élève David, et le résultat d'un second voyage de celui-ci à

(1) Nous préférons pour cette étude grecque, l'*Œdipe*, l'époque d'émulation que nous avons signalée, à la date qu'on pourrait induire d'un fait contemporain au stage de Giroust, les lectures et la représentation qui eurent lieu avec éclat à Rome en l'année 1782, de l'*Antigone* du poète Alfieri, première apparition de ses tragédies classiques.

(2) Saint-Ours, né et mort à Genève (1752-1809), second prix de 1778 (son tableau est à Trianon), premier prix de 1780, a travaillé surtout pour son pays natal : il a exposé à Paris, notamment en 1791, avec récompense ; dans un concours ouvert en 1803 sur le sujet du Concordat, son dessin obtint seul une distinction et lui valut le titre de Membre correspondant de l'Institut.

(3) Ce portrait est en la possession de Mme veuve T***, née Giroust, petite-fille de l'artiste, à Villeneuve-sous-Dammartin. Il en est fait mention dans le Musée des Portraits d'artistes (*Revue de l'Art Français,* mars 1886).

Rome. Le nouveau Directeur, Lagrenée aîné (fin 1781), se départit de quelque rigueur de discipline de son prédécesseur, en même temps que de doctrines exclusives. Giroust, qui commençait alors sa dernière année de stage, semble, avec plus d'indépendance, avoir acquis plus d'ardeur.

La correspondance des Directeurs de l'École de Rome, qui doit être prochainement publiée, ne nous est connue que par fragments très incomplets, (surtout en ce qui concerne le directorat de Vien), donnés par M. Lecoy de la Marche dans son livre « *l'Académie de France à Rome* ». Deux lettres de Lagrenée, en date des 24 avril et 26 juin 1782, nous montrent Giroust se livrant avec ardeur à la copie du célèbre tableau du Guerchin « *Le Martyre de sainte Pétronille* ». Entreprise toute nouvelle : la facture énergique de cette vaste toile du dernier émule des Carraches, du « *Magicien de la Peinture* », était peu appréciée par l'ancien goût ; en 1757, un ordre du marquis de Marigny avait détourné le directeur Natoire de faire exécuter ce travail. Maintenant Lagrenée, dans sa vive satisfaction, promettait « une très bonne copie pour le Roi d'un des plus beaux tableaux de Rome, dont il ne croyait pas qu'il y eût de copie en France ». Il faut aussi donner ses pressentiments sur le jeune artiste : « Le sieur Giroust a fini sa copie d'après la sainte Pétronille du Guerchin ; le coup d'éperon qu'il a reçu en copiant ce tableau me persuade fortement qu'il partira de là pour se montrer d'une manière jusque-là inattendue ». Lagrenée ne connaissait pas les travaux déjà importants de Giroust, la diversité de ses études, et le réveil qu'il signale n'est que l'attrait d'une étude neuve, d'une émulation presque téméraire, l'interprétation de l'œuvre la plus singulière et la plus hardie. On connaît la légende dramatique : Pétronille, réputée fille de Saint Pierre, a été fiancée, mais, pendant une absence de celui qu'elle doit épouser, a demandé au Ciel de mourir vierge ; son vœu a été exaucé. Le fiancé, de retour, ne veut pas croire à cette mort, fait exhumer la jeune fille, dont le corps revêtu d'habits nuptiaux est ramené au jour. Une autre scène se passe au Ciel, où la Sainte, portée par des anges, arrive dans les bras du Christ tendus vers elle. Mais l'analyse ne peut rendre l'impression que cause la vue de cette toile immense couvrant tout un mur du Capitole ; ampleur de la composition, proportions au dessus de nature, énergie de dessin et prestige de la couleur, frappent d'étonnement dans cette page de la glorieuse École Bolonaise, mère de notre École Française.

Qu'est devenue cette copie ?

Conservée au Louvre, comme tableau du Roi, elle y serait demeurée, malgré les épurations d'images superstitieuses faites en l'an II, jusqu'au 8 ventôse an IV (27 février 1796) ; à cette date, elle aurait été envoyée par l'administration du Musée du Louvre au couvent des Petits-Augustins devenu, sous la direction d'Alexandre Lenoir, Musée des Monuments Français, mais resté cependant lieu de dépôt provisoire; nous reconnaissons cet envoi dans le « *Journal d'Alexandre Lenoir* » publié par M. Courajod (État n° 2, n° d'ordre 650), et cela, sans nous laisser arrêter par des négligences d'Alexandre Lenoir, qui a écrit : « Une copie de la Sainte Pétronille du Dominiquin (il faut lire du Guerchin) par le c. *Girauld* (c'est une des manières d'écrire le nom Giroust) » [1]. Mais ces dépôts recevaient bientôt diverses destinations ; la plupart furent renvoyés d'abord à l'hôtel de Nesles, lieu de ventes publiques (324 tableaux notamment, le 17 nivôse an VI, n° 1041); puis beaucoup furent conservés, certains particulièrement désignés se retrouvent au Louvre : déjà le sentiment religieux se réveillait; il est peu probable que l'État se soit dessaisi pour de viles enchères d'une toile remarquable, dont les dimensions ne se prêtaient guère qu'à la décoration d'églises [2]. Le célèbre original a séjourné quelque temps au Louvre, trophée de nos victoires, mais avec lui aucune reproduction Italienne n'a été signalée (État des objets d'art envoyés aux divers musées Français et conquis par les armées de la République, par le général Pommereul, Paris, an VI). Lagrenée n'en connaissait, nous l'avons vu, aucune copie en France en 1782 ; aucune autre

---

(1) Le même citoyen peintre est nommé, avec une variante d'orthographe, dans le même ouvrage de M. Courajod (Introduction, page XLI) : une lettre de l'administration dn Musée Central du 3 messidor an V, mentionne la désaffectation d'un atelier au Louvre « *du citoyen Girault, peintre absent.* » Giroust était en effet, alors, dans un cas d'absence légale autant qu'effective, vivant en Lorraine, membre *non résident* de l'Institut.

(2) *La Revue universelle des Arts*, t. XXVI, a publié le Catalogue des peintures réunies au dépôt adressé par Lenoir au Comité d'Instruction publique le 11 vendémiaire an III, mais ce n'est qu'un peu plus tard, 8 ventôse an IV, que le Muséum lui a fait l'envoi du tableau de Giroust.

que celle de Giroust n'est signalée comme exécutée à Rome par notre École. Maintenant encore il ne se trouve à Paris, et, croyons-nous, en France, qu'une seule reproduction de ce tableau, en proportions assez grandes : elle se trouve à l'église Saint-Gervais de Paris, et ses proportions seraient, nous a-t-on dit, du tiers de l'original. Or, l' « *Inventaire des Richesses d'art en France, Édifices religieux*, tome II », d'accord avec l'*Inventaire de la Ville de Paris*, mentionne dans l'église Saint-Gervais une *copie contemporaine* du chef-d'œuvre du Guerchin, réputée même pendant quelque temps une répétition due au Guerchin lui-même : c'est dire assez le mérite de cette copie[1]. Aucune indication d'ailleurs sur son historique, si ce n'est qu'elle est entrée à Saint-Gervais par échange avec l'église des Blancs-Manteaux : cette mention trop vague de contemporanéité nous autorise à croire que la question n'est pas définitivement jugée, et à apporter pour l'éclaircir un témoignage personnel.

La fille aînée d'Antoine Giroust, extrêmement âgée, et dans un entretien insuffisant, nous avait signalé en termes vagues et comme avec indifférence, l'existence, dans cette même église Saint-Gervais, d'une œuvre de son père, qui n'était qu'une copie. Nous n'y avions pas attaché d'importance ; c'est seulement quelques mois après que, dans la pensée de connaître les moindres travaux de l'artiste, nous visitâmes ce temple. Notre surprise fut grande d'y rencontrer d'abord une belle réduction de la Sainte Pétronille, dont récemment nous avions admiré l'original, dont nous nous étonnions de ne retrouver nulle part la reproduction. Le témoignage, les éloges de Lagrenée nous revinrent aussitôt à l'esprit ; aucune autre copie d'ailleurs à attribuer à Giroust ; malheureusement notre visite était tardive : celle qui eût pu nous donner une déclaration explicite était morte. Nous devons nous en tenir à notre sentiment, appuyé des rapprochements qui précèdent pour restituer à Giroust cette œuvre intéressante.

Nous ne savons si la technique de la peinture y contre-

---

(1) D'après l'*Inventaire*, elle a figuré au Musée des Copies ouvert au Palais de l'Industrie en l'année 1878. Le catalogue du Musée de Lille cite une copie de proportions moindres (1 mètre 34 de hauteur sur 78 c.), due à Souchon, ami et collaborateur de Sigalon à Rome en 1833, pour sa reproduction d'une autre vaste peinture, le *Jugement dernier* de Michel-Ange.

dirait. Une copie *contemporaine*, c'est-à-dire de la fin du xviie siècle, offre-t-elle des caractères certains? Quand, au xviiie siècle, la peinture Italienne en décadence se livra à l'industrie des reproductions, fut-elle meilleure interprète que le pinceau Français à l'époque de ce même siècle étudiée par nous? A cette époque aussi, Perrin, condisciple de Giroust, copiait une autre œuvre de l'École Bolonaise, la *Mise au Tombeau* de Caravage, et l'école moderne des Beaux-Arts nous montre cette copie.

Ajoutons à nos conjectures. La chapelle des Blancs-Manteaux, des Bénédictins de Saint-Maur, ne fut jamais entièrement fermée au culte ; quand il y fut rétabli avec honneur, elle eut part aux premières distributions de tableaux : nous n'avons pu savoir la date exacte de l'entrée de la sainte Pétronille ; mais nous aimerions à penser que Mme de Genlis, au retour de l'émigration, dispensatrice des faveurs du nouveau Pouvoir envers la religion, logée non loin, à l'Arsenal, a pu concourir à ce don au profit d'une église dont les caveaux avaient renfermé la sépulture des Brulart (*Dictionnaire de Heurtaut*), au moment où elle rendait de grands honneurs dans la terre de Sillery, à la mémoire de Brulart de Genlis, son mari, mort révolutionnairement. Pure hypothèse, reconnaissons-le, supposant le souvenir de l'œuvre de l'artiste que Mme de Genlis avait connu avant la Révolution et qu'elle revit vers ce temps.

Giroust n'acheva pas son séjour de Rome sans y accomplir nombre d'études, dont quelques-unes seulement ont été sauvées. On peut citer : Une « *Danse de Muses* », grisaille inspirée de bas-reliefs ou des fresques gracieuses de la Grande Grèce ; une « *Tête de jeune femme Italienne* », sujet qui fait penser à Raphaël et à sa *fornarina*, retraçant peut-être plutôt une *lavandaja ;* et même un « *Paysage de la campagne Romaine* », œuvre d'imagination avec le décor des vieux tombeaux et l'horizon des Monts Sabins, mais marquée par un goût de la vérité d'aspect qui était alors une nouveauté.

III

Giroust agréé. Salon de 1787

L'École de Rome avait été instituée comme une sorte de
pépinière de jeunes talents, pour le recrutement de l'Académie;
briguer l'entrée de ce corps semblait une sorte de devoir, en
retour de la munificence royale; d'autre part l'Académie, par
la faveur du Pouvoir, par les gloires qu'elle groupait, par
ses membres honoraires qui mettaient à son service leur
influence dans les hautes classes de la société, disposait alors
souverainement de toutes récompenses et de toute réputation,
pour quiconque voulait suivre la carrière des arts. Cependant
Giroust, rentré en France en 1783, ne mit aucun empresse-
ment à accomplir ce devoir ou s'assurer ces avantages. Le
temps, sans doute, a répandu quelque obscurité sur ses
travaux pendant cette période du retour, sans qu'il faille
trop en accuser une indolence naturelle, dont on ne peut
tout à fait décharger sa mémoire.

Nous reconnaissons comme œuvre de cette époque, l'exécution ou l'achèvement de « *l'Historien Josèphe, délivré de
ses fers*». C'est une grande et savante composition comportant
une foule de personnages, morceau d'ensemble rare dans
l'œuvre de Giroust. L'historien des Juifs, Josèphe, a été
emmené captif à Rome après la prise de Jérusalem, bien
qu'il eût cherché à détourner ses concitoyens de la révolte,
en prédisant cette catastrophe : le jeune vainqueur, Titus,
l'a fait amener en la présence de l'empereur Vespasien, son
père, siégeant devant le portique du Panthéon; il obtient
la liberté de l'historien et fait briser ses fers. Ce qui frappe
d'abord dans cette scène, c'est la noblesse de l'ensemble où
se pressent sans confusion les Césars et leur suite, les sol-

dats et le peuple, tandis qu'un groupe central se détache avec une grande énergie : l'historien Josèphe, encore coiffé du bonnet de servitude, saluant la liberté d'un de ses bras rendu libre, tendant l'autre aux exécuteurs qui achèvent de briser sa chaîne. L'action est encadrée par le Tibre, et au-delà par des monuments romains réunis de fantaisie, contemporains de l'époque retracée.

Cette étude entièrement romaine accuse le séjour et les souvenirs de Rome : la belle ordonnance, le ton noble et sévère donnent à penser que l'artiste s'est inspiré des fortes compositions historiques du Poussin étudiées dans les palais ; les proportions petite nature des personnages sont un rapport de plus. Quant à la couleur, son énergie et ses gradations étudiées sont dignes d'un traducteur du Guerchin.

Une autre toile conçue dans le même goût romain et avec même développement, est un « *Meurtre de Virginie* ». Cette peinture, par une maladie commune à bien des œuvres de l'époque, a tourné au noir : son altération, non moins que sa mauvaise exposition, permettent à peine de juger si l'on est en présence d'un travail achevé. Cependant, quelques traits de l'action se détachent vivement par la vigueur des attitudes, l'opposition des couleurs : Virginie vêtue de blanc, frappée par son père, s'affaisse entre les bras d'une femme qui la soutient, personnages bien tracés ; Virginius brandit le poignard, désignant sur son siège le tribun Appius, que menacent d'autres bras : les monuments du Forum, un peuple nombreux encadrent la scène.

Ces deux compositions se rapprochent évidemment des études archaïques, mais elles sont antérieures à leur développement ; elles se rattachent encore au style ancien, académique, qu'elles visent bien à corriger, par un retour vers le nom le plus glorieux de l'ancienne École Française, mais sans prétendre créer un art nouveau. Dans ce moment David, retourné à Rome avec son élève et émule Drouais, cherchait cet art dans son « *Serment des Horaces* », œuvre qui remettait en honneur les figures grande nature. Giroust, lorsque le titre d'agréé lui eut ouvert le Salon, n'exposa pas ces ouvrages : faut-il croire qu'il les jugea en dehors des goûts régnants ? Enfin on peut rechercher ce que, par la suite, les procédés de l'*archaïsme* apportèrent de nouveaux mérites

aux doctrines anciennes : pour le thème vulgaire de *Virginius*, le fougueux tableau de Lethière s'offre à la comparaison.

Nous admettons encore, d'après le témoignage de famille déjà invoqué, que cette période d'attente fut en partie employée à quelques travaux au Palais-Royal. Élève, Giroust y avait étudié ; il y rentrait artiste accompli : à la fin de son stage, le duc de Chartres, visitant notre école de Rome, avait même pu l'y convier. Il s'agissait pour Giroust de portraits, depuis dispersés et vainement recherchés plus tard par le roi Louis-Philippe, peut-être de la restauration de ceux de l'ancienne galerie du château d'Eu, ou enfin de décorations motivées par les grands changements que le Palais-Royal subit alors, à l'occasion de la création des Galeries.

L'appel de notre artiste dans cette résidence s'expliquait du reste par la nouvelle situation qu'y avait prise M. Myris, l'ami de la famille : l'ancien professeur « d'histoire et de dessin » de la duchesse de Chartres était alors attaché à l'éducation des jeunes princes ses fils, dont, en 1782, Mme la comtesse de Genlis avait été nommée *gouvernante ;* il devait même devenir pour quelque temps secrétaire des commandements de l'aîné des princes *(Mémoires de Mme de Genlis,* t. III, p. 267).

Cependant des condisciples de Giroust à Rome, David, Regnault, Peyron, étaient devenus promptement académiciens ou agréés : leurs œuvres s'étaient succédé avec éclat aux Salons de 1781, 1783, 1785. Un émule plus nouveau, Perrin, se faisait agréer le 23 juin 1786, précédé du succès de son tableau fait à Rome, « *Cyanippe s'immolant* ». Enfin Giroust, se soumettant à la règle, sollicita les suffrages de l'Académie pour le titre d'agréé, exposant quelques-uns de ses ouvrages. A défaut de son maître, Lépicié, décédé au Louvre le 14 septembre 1784, il était présenté par Brenet, professeur sage, réputé rival de Vien : il fut agréé dans la séance du 29 juillet 1786, sorte d'admission provisoire à l'Académie qui lui ouvrait les portes du Salon.

. . . .
. . . .

Après des études très variées, dans quelle branche de l'art sérieux Giroust allait-il se produire en public ? Plus d'une voie était ouverte. Les grâces apprêtées de l'ancienne école avaient encore leurs partisans. La peinture sévère corrigeait de jour en jour les pratiques maniérées par un retour au naturel, se rajeunissait en traitant des sujets modernes tels que « *le Président Molé devant l'émeute* » (Vincent, 1779), « *la Mort de Léonard de Vinci* » (Ménageot, 1781). La renaissance de l'art antique d'après la statuaire, avait trouvé à Rome de fervents adeptes ; David traduisait le vieux type Romain dans toute son âpreté avec le succès de vogue de son « *Serment des Horaces* » (1785), présage du triomphe de la peinture archaïque. Peyron s'était enfermé le premier, mais épris du Poussin, dans ces recherches du passé ; Regnault et Giroust ne les avaient abordées qu'avec un esprit bien moins exclusif.

Entre les trois méthodes, la Grâce, l'Académie assagie, l'Archaïsme, Giroust garda le parti intermédiaire : son tempérament, peut-être un goût plus délicat l'y portaient. Dans l'art sérieux, un genre était assez délaissé : la peinture religieuse ; il l'aborda, sans renoncer à la liberté de son pinceau. Ce premier choix s'explique suffisamment par les incitations d'une famille pieuse, par un penchant de bonté tendre chez l'artiste. Cependant l'influence des milieux devant toujours être comptée, il convient d'en expliquer une, que nous croyons voir exercée par une relation étrangère, à travers les années les plus actives de la vie de Giroust.

Des liens d'amitié s'étaient resserrés entre David, Giroust et Mirys : ce dernier, selon toute apparence, introduisit ses amis dans la société de Mme de Genlis. On sait qu'ayant pris charge d'élever les princesses, filles de la duchesse de Chartres (1777), Mme la comtesse de Genlis s'était retirée avec elles au couvent de Bellechasse, retraite à demi-ouverte au monde, favorable à un règne de Salon ; là aussi furent amenés chaque jour du Palais-Royal les fils de la duchesse, à partir de 1782, pour y prendre des leçons au milieu d'un jeune groupe : Mirys, nous l'avons dit, fut attaché aux princes par diverses fonctions successives [1]. Mme de Genlis qui recevait quelques

---

(1) Louise-Adélaïde de Bourbon-Penthièvre, mariée en 1769 à Louis-Philippe-Joseph d'Orléans duc de Chartres, eut cinq enfants : Louis-Philippe duc de Valois, né le 6 octobre 1773, Antoine-Philippe duc de Montpensier, né le 3 juillet 1775, deux filles jumelles nées le 23 août 1777, dont l'une mourut à cinq ans, l'autre fut Mademoiselle Adélaïde-Louise d'Orléans, enfin Alphonse-Léodgar comte de Beaujolais, né le 7 octobre 1779. Leur éducation fut dirigée par Stéphanie-Félicité Du Crest, épouse de Alexis Brulart comte de Genlis, depuis marquis de Sillery, qui s'entoura de ses

artistes (dit-elle sans les nommer, sauf David), en décorait volontiers son système d'éducation. On cultivait beaucoup le dessin ; il y avait des concours récompensés de prix : « MM. David et Giroust en étaient les juges », disent les *Leçons d'une Gouvernante* (t. I, p. 146). Mais c'est surtout dans l'aimable liberté de la campagne que les *Mémoires* aiment à présenter nos artistes, à Saint-Leu, que le duc de Chartres acquit dans le même temps comme lieu de villégiature pour ses enfants : Mirys y organisait des scènes, tableaux et charades empruntés aux voyages, à l'histoire, à la mythologie ; David s'y plaisait et voyait « la perfection du beau idéal » dans un groupe de Vénus, Psyché et l'Amour, formé par Mlle Paméla, enfant d'adoption, et les deux filles de Mme de Genlis ; quant à *Giroux (sic)*, il paraît s'être distingué comme acteur dans les pantomimes. Nous n'avons à son actif qu'une anecdote, avec laquelle Mme de Genlis aborde singulièrement ses explications politiques :

« La révolution éclata le 9 juillet ; c'était la veille de ma fête (sainte Félicité), que l'on célébrait à Saint-Leu par de charmants spectacles. Un peintre, nommé Giroux, jouait dans une pantomime le rôle de Polyphême ; nous apprîmes les premiers mouvements de Paris pendant nos spectacles. M. Giroux, très anxieux de voir ce qui se passait, dès qu'il eut joué son rôle, se précipita dans un cabriolet et partit à toute bride pour Paris, sans avoir pris le temps de se déshabiller ; son costume et son œil peint au milieu du front causèrent un tel étonnement, qu'il fut arrêté aux barrières et conduit dans un corps de garde où il resta plus de deux heures ; on le questionna avec beaucoup de défiance et de sévérité sur les causes de ce singulier travestissement ». (*Mémoires*, t. IV, p. 1). Couleurs chargées, confusion de dates, sont trop probables dans ce récit : des historiens s'en serviront cependant avec mauvaise foi contre la frivole narratrice, en le mêlant à une visite à la Bastille démolie : elle eût pu prendre meilleure occasion, comme nous le verrons, de parler d'un artiste sérieux. [1]

---

deux filles, mariées plus tard à MM. de Lavœstine et de Valence, d'une jeune anglaise adoptée, Mlle Paméla, de ses nièce et neveu, Henriette de Sercey, César Du Crest. Née le 25 janvier 1746, Mme de Genlis vécut, à travers bien des régimes, jusqu'au 31 décembre 1830.

[1] Ce récit, fait à 35 ans de distance, ne gagnerait-il pas en vraisemblance en le

Revenons à la peinture. A l'heure où nous sommes. Mme de Genlis, fière des triomphes de sa jeunesse dans l'ancienne société, entrevoit de nouveaux succès et une revanche de l'esprit aristocratique dans une propagande de réaction anti-philosophique. Après avoir régenté les belles manières, l'éducation, la morale dans son livre « *Adèle et Théodore* » (1782), elle prépare une attaque plus directe : « *La religion considérée comme l'unique base du bonheur* » (1787), auxiliaire du plus austère des Salons, celui de la maréchale de Noailles, qui assiège le Parlement de ses écrits contre l'édit de liberté de l'état civil rendue aux protestants; et sur toutes deux pleuvaient les railleries de Rivarol, de Mairobert, dont la chronique prend fin par de petits vers contre ces « *mères de l'Église* ». Néanmoins, l'influence de la brillante conversation de la comtesse de Genlis était bien forte, au dire d'un témoin délicat (Madame Vigée-Lebrun, *Portraits)*. Est-il trop téméraire de supposer que Giroust avait pu être entraîné par un si aimable prosélytisme? David, lui-même, n'avait-il pas accordé aux demandes de la maréchale de Noailles de faire un « *Christ en croix?* » tentative peu heureuse, il est vrai; mais c'était peut-être pour son condisciple un motif de plus d'émulation, un terrain à conquérir.

Le Salon de 1787, qui s'ouvrit comme d'usage le 25 août, jour de saint Louis, fait date : Emeric David et Le Breton ont dit que la peinture fut à ce moment totalement régénérée. On vit, en effet, à la fois : se renouveler les rivalités de Vien et de Doyen, maintenant sur le terrain de l'Iliade; s'accentuer la supériorité de David sur Peyron dans un concours cherché sur le sujet : « *La mort de Socrate* », belles études de pensée, inspirées du bas-relief; s'accuser les tendances modernes de l'Académie réformée avec les œuvres de Suvée (*l'amiral Coligny*), de Vincent (*Renaud et Armide, Henri IV et Sully*), de Callet, Taillasson, Regnault; se presser toute une école nouvelle, Ménageot, Le Monnier, Le Barbier, Robin, enfin les derniers parus, Giroust, Perrin.

---

plaçant deux ans plus tôt, quand la basoche, fêtant le rappel d'exil du Parlement, brûla sur le Pont-Neuf l'effigie de Calonne (25 août 1787): alors Giroust n'était qu'agréé et non académicien. Voir : de Sevelinges, *Mme de Genlis en miniature;* Billault de Gérainville, *Histoire de Louis-Philippe.*

Giroust ne présenta pas d'anciens travaux (c'est une règle dont il ne sortira pas), mais seulement ses deux derniers ouvrages, donnant au Salon la note religieuse, assez rare.

Un « *Christ en croix* » de grandes dimensions (6 pieds 9 pouces de hauteur sur 4 pieds de largeur) était destiné, d'après le livret, à la troisième chambre de la Cour des Aides. Cette toile est égarée. Après la Cour des Aides, quelle salle d'audience, quelle église a pu la recueillir ? [1]

Un « *Saint François d'Assise* » peut au contraire être encore jugé. Cette toile, emportée par l'artiste en Lorraine, longtemps vouée à l'oubli, a été retrouvée roulée dans un grenier de l'hospice Saint-François, en la petite ville de Saint-Nicolas-du-Port, célèbre par sa belle église et un antique pèlerinage, entre Nancy et Lunéville : elle décore actuellement la chapelle de l'hospice.

C'est une grande figure (dimensions de toile : 8 pieds de hauteur sur 5 pieds de largeur, d'après le livret).

François d'Assise a renoncé aux richesses, s'est retiré dans une solitude, à quelque distance de la ville natale, qu'on aperçoit sur une colline lointaine à la faveur d'une éclaircie de ciel. Agenouillé au milieu de rochers devant un crucifix, à côté des livres qu'il vient de méditer et d'une tête de mort, le pénitent vêtu de la robe brune, corde aux reins, pieds nus, exprime ce renoncement par toute son attitude : la tête, qui est d'un homme dans la force de l'âge, rejetée en arrière, cheveux et barbe épars, yeux mi-clos, est d'une vérité saisissante d'abandon extatique ; le corps qui s'affaisse, les bras tombant dans un mouvement d'adoration soumise, concourent à l'expression générale, d'une réalité et d'une justesse admirables, d'un vif sentiment religieux.

La couleur, bien distribuée sur tout l'ensemble en tons fins et justes, présente un fond gris-bleu sur lequel se détachent des nuances brunes ou des carnations. Les comptes rendus apprécient diversement cette facture sévère : les uns signalent le bon ton de la couleur et le goût avec lequel l'artiste la proportionne toujours à l'effet que le sujet exige ; les autres la trouvent grise et froide ; une critique frivole,

---

[1] La commande de ce tableau peut être due, soit à M. de Sénozan, seigneur de Mitry, décédé depuis peu, président honoraire du Parlement, soit à Pierre Coutanceau, cousin de l'artiste, notaire près la Cour des Aides.

« Lanlaire au salon académique », y voit « juste la couleur
dont on se sert pour faire des soubassements anglais. »
Evidemment, Giroust s'écartait des tons nacrés de l'École
de Van Loo, comme des tons bruns ou rougeâtres de l'École
archaïque : Sa couleur discrète convenait à la piété recueillie ;
la note n'en avait-elle pas été inspirée par les ciels vaporeux
de l'Italie centrale ? « Ce sont les gris qui font la peinture »
a dit David à une époque, d'ailleurs bien éloignée de la
Mort de Socrate; « Il cherchait dans l'emploi des demi-tons,
généralement gris et argentés, un effet large et moelleux
qu'il appelait un *charme* de la peinture. » [1]

En somme, la critique sérieuse du temps est très favorable
à ces deux ouvrages : le *Mercure de France*, le *Journal de
Paris*, *L'Ombre de Rubens au Salon* (Lenoir), l'*Ami des
Artistes* en louent l'expression, le dessin, en exprimant le
désir que le nouvel agréé travaille et donne des ouvrages
plus importants [2]. Les *Mémoires secrets* terminent leur
dernier Salon par les « *débutants* » et promettent à Giroust
« qu'il en laissera bientôt beaucoup d'autres derrière lui »
s'il soutient ses qualités : ils prédisent, non sans enthousiasme,
« le troisième âge de la peinture. »

Les deux tableaux se distinguent bien, en minuscules proportions, dans la gravure de l'Italien Martini, représentant
le Salon de 1787 ; placés à la frise, comme il convient à des
ouvrages de simples agréés, ils forment un groupe isolé, au
fond, avec une troisième toile (l'*Alexandre domptant Bucé-
phale*, de Monsiau) qu'ils accompagnent des deux côtés.

S'il nous est permis de juger à notre tour le *saint François
d'Assise* à un siècle de distance, après avoir vu s'écrouler

(1) *Le peintre Louis David*, par Jules David, page 501. Giroust aurait donc devancé
son illustre collègue dans l'application de cette théorie.
Le tableau de Giroust est peint, et sans doute aussi quelques œuvres postérieures,
sur *toile d'Italie* : il n'encourt pas cette réprobation de Delécluze, *Journal des Débats*,
31 juillet 1849 : « Il faut avoir longtemps manié le pinceau pour savoir combien les
toiles à impression, rudes, âpres et inégales, sur lesquelles on peut *tartouiller* la
couleur avec promptitude et facilité, ont fait faire d'ouvrages faibles, quelle protection
elles offrent à la médiocrité. » Le critique appelait volontiers *tartouillades* certaines
productions de l'École romantique.

(2) Voici le jugement du *Mercure de France*, dont le critique très autorisé était
M. de Charmois : « Ces deux tableaux d'un dessin pur, d'un bon ton de couleur et
d'un effet bien relatif à l'expression qu'ils exigent, annoncent M. Giroust d'une manière
très avantageuse. Si, dans des sujets plus composés et susceptibles d'un style moins
sévère, M. Giroust se montre avec autant d'avantage, il acquerra bientôt une belle
réputation. »

plus d'un système en peinture, nous y trouverons un échantillon fort remarquable du perfectionnement auquel était arrivée *l'époque de transition ;* les réformes opérées dans le sein même de l'Académie, sans s'écarter des traditions de. goût de l'École française, s'y manifestent avec éclat : retour au naturel, sévérité du dessin formée à l'étude de l'antique, pureté de forme sans sécheresse, inspirée des chefs-d'œuvre de la Renaissance remis en honneur, la couleur si longtemps insuffisante en France recherchée, savamment étudiée : le Salon de 1787 marqua l'apogée de ces réformes. Giroust, débutant attardé à ce Salon, était un artiste mûr, l'un des combattants de cette petite phalange romaine dont les débuts étaient des œuvres fortes. A toutes les qualités énumérées de bonnes méthodes, son *saint François* nous paraît réunir une note personnelle accentuée, la simplicité naturelle dans la force, belle et rare réunion. [1]

---

[1] On peut comparer au Louvre deux figures de saint François d'Assise, l'une du Flamand Franz Porbus le jeune (1570-1622), l'autre de l'Espagnol Luiz Tristan (1585-1640), à mi-corps, très expressive.

IV

Giroust académicien. — Salon de 1789

Dans le délai réglementaire de deux ans, Giroust se mit en mesure de compléter ses titres académiques : il exécuta le tableau qu'il devait offrir pour sa réception, sur un sujet donné ou agréé par le Directeur, fonction remplie depuis 1770 par Pierre ; comme dans la première épreuve, il fut patronné par Brenet, et ayant obtenu les suffrages voulus, il fut reçu Académicien le 29 mars 1788.

Son morceau de réception est inspiré du grand drame religieux de Sophocle, *Œdipe à Colone* : c'est l'exécution de l'esquisse tracée, avons-nous dit, à Rome dans une heure de grande émulation [1].

Œdipe, vieux et aveugle, conduit par sa plus jeune fille, Antigone, est parvenu près d'Athènes aux abords du temple des Euménides, déesses du châtiment, où, d'après l'oracle, doivent finir ses malheurs. Écarté par les Coloniates du bois sacré, lieu d'asile, il s'est placé sur une pierre à côté du temple. Sa fille aînée, Ismène, qui a quitté Thèbes pour

[1] Ce sujet avait une actualité, le grand succès de l'*Œdipe à Colone*, de Sacchini, représenté à l'Opéra de Paris, le 1er février 1787, première alliance de la mélodie italienne et de la tragédie lyrique innovée par Gluck quelques années avant, indice des goûts tempérés du jour.

partager son sort, le rejoint en ce moment, précédant Polynice, ce fils ambitieux qui jadis, d'accord avec son frère et complice Étéocle, a forcé le vieillard de s'arracher à sa patrie ; il vient maintenant demander pardon et surtout appui contre ce frère. Œdipe oppose aux soumissions de Polynice, aux supplications de ses filles, un long et terrible silence, un geste de refus : tout à l'heure il maudira le fils coupable et prédira le duel fratricide.

L'œuvre est traitée dans le sentiment de sereine majesté du drame antique, exempte d'exagérations, malgré la violence de la situation. Le groupe formé par Œdipe, superbe d'attitude, et Antigone suppliante, est du caractère le plus noble, d'un intérêt saisissant ; les deux autres personnages peuvent motiver quelques réserves : Ismène, d'une tendresse plus réservée, Polynice, sujet ingrat ; un mouvement d'Ismène relevant son voile peut s'expliquer par son arrivée actuelle, différence avec le poète, qui est d'ailleurs critiqué par Laharpe en ce que cette intervention d'une seconde fille divise l'intérêt ; elle attire par la main Polynice, dont l'attitude hésitante trahit trop de travail.

La méditation de la statuaire grecque et de ses délicatesses se fait sentir dans cette composition ; mais l'artiste, doué d'un vif sentiment de nature, a donné un souffle de la vie moderne à ses personnages ; trouvant dans sa famille les beaux et sévères modèles des filles d'Œdipe, il sut s'assimiler librement la conception antique, respectée dans ses types consacrés.

La critique du Salon de 1789, bien diminuée d'importance à cause de celle des événements politiques, fut très favorable à l'œuvre ; cependant, elle devait relever une particularité : « Mais, c'est Bélisaire ! » s'écrie l'*Amphigouri ou les Élèves au Salon*. Les rapprochements avec le tableau de David sont, en effet, évidents : deux grandes infortunes, deux vieillards aveugles et proscrits, la composition concentrée entre quatre figures, le héros malheureux et son guide formant le groupe principal au pied d'un temple. Giroust ne pouvait prétendre échapper à des comparaisons : il les recherchait donc, en interprétant, dans des conditions toutes différentes de lieux et d'action, une scène de caractère grec, en parallèle avec l'œuvre romaine de David. A l'heure

où son ancien condisciple dédaignait la réforme académique
pour créer un nouvel art éloigné de la tradition française,
où Vien se laissait égarer loin de la belle simplicité de ses
débuts en de nouvelles productions d'une grécité sèche et
maigre, Giroust entendait rester prudent et modéré dans les
réformes, en cherchant seulement dans ce sujet antique à
éclairer le goût français d'un reflet de l'inviolable beauté
grecque.

Cette sage alliance de goûts divers avait été comprise et
appliquée aux arts décoratifs dans les premières années du
règne de Louis XVI, bien mieux qu'elle ne le fut avec les
progrès de l'archaïsme.

La même séance de l'Académie vit couronner une autre
étude grecque, mais dans l'art le plus propre à en traduire
les élégances et le noble calme : le statuaire Jean-Baptiste
Giraud, cet initiateur généreux que nous avons rencontré à
Rome, fut agréé sur la présentation de son « *Achille blessé* »
(au Musée d'Aix), interprétation de l'antique d'un goût bien
délicat. A ce souvenir, ajoutons celui d'un groupe peu
connu et non moins remarquable « *Persée et Andromède* »,
conservé à la bibliothèque de l'Académie de Saint-Luc,
à Rome.

Un autre rapprochement peut être dès à présent établi
entre le *Bélisaire* et l'*Œdipe*. Le graveur Alexandre Morel
présentera au Salon de l'an VIII sa belle gravure du *Bélisaire*
de David, pour laquelle il se sera servi, avec quelques modifications, selon le critique Bruun Neergaard, du grand
tableau de 1781, qui se trouve, après d'étranges vicissitudes,
au Musée de Lille, et du tableau réduit de 1785 (au Louvre).
En l'an XI, il gravera l'*Œdipe* de Giroust, pour servir de
pendant, selon l'usage du temps, et cela nécessairement avec
l'accord des deux artistes. L'œuvre de Giroust, de dimension
intermédiaire entre celles des deux *Bélisaire*, mesurait 6 pieds
de largeur sur 5 pieds de hauteur : elle prendra dans la
gravure une forme un peu oblongue, et pour l'harmonie
des deux *pendants*, la droite du tableau sera transportée au
côté gauche de la gravure ; mais alors que Morel avait pu
être autorisé à retoucher l'œuvre de David, il ne serait pas
impossible que son burin rigide eût rapproché le style des
deux peintres ; cependant, Le Breton lui a reconnu, comme

principal mérite, la fidélité à conserver l'expression originale. (1)

Cette excursion dans le domaine antique ne détourna pas
Giroust de la peinture religieuse. Au même Salon de 1789,
il exposa une « *Sainte Thérèse* », figure de grande dimension
comme son *Saint François d'Assise*. Le livret donne à cette
toile 8 pieds de haut sur 5 pieds 9 pouces de large, et
indique pour sa destination la cathédrale de Boulogne-sur-
Mer. La cathédrale moderne, érigée en dôme et décorée de
fresques, n'a pas conservé ce tableau. On le retrouve cependant mentionné à l'Inventaire du mobilier de la vieille
église, dressé le 17 janvier 1791. Nous ne pouvons croire
que le zèle iconoclaste qui fit des auto-da-fé d'œuvres d'art
dans le Pas-de-Calais (*Moniteur*, 17 nivôse an II), ait atteint
la *Sainte Thérèse* de Giroust : les œuvres de mérite trouvaient
des sauveurs pieux ou intéressés ; espérons que celle-ci se
retrouvera quelque jour.

La critique peut en donner un idée. Le *Journal de Paris*
dit : « Ce tableau est bien pensé ; la figure a de la noblesse
dans le mouvement et de l'inspiration dans la tête, l'effet en
est grand et beau ; le rayon de lumière qui éclaire le haut
de la figure fait une bonne opposition avec la lumière du
jour qui éclaire la partie inférieure ; ce contraste est très
bien senti. »

Le Mercure de France : « La *Sainte Thérèse* est bien
dessinée, bien peinte, mais son expression n'est pas tout ce
qu'elle devrait être. »

Nicolas Cochin, dans une lettre à Decamps, de Rouen :
« Très bon tableau, vigoureux de couleur et bien exécuté. »
(De Goncourt, notice sur Cochin, *l'Art au* xviii *siècle*).

La perte de ce tableau est bien regrettable. L'artiste,

(1) Nous avons vu à la Bibliothèque Nationale deux exemplaires de la gravure de
l'*Œdipe à Colone*, l'un très beau, avant la lettre, en feuille, l'autre après la lettre,
dans l'œuvre de Morel.

Le sujet de la *Malédiction d'Œdipe* a été donné pour le concours de Rome, en
1883 ; ce concours, malgré le mérite de certaines œuvres, a paru démontrer que l'antiquité était muette pour la jeune génération, et peut-être aussi a justifié ce mot du
sceptique Stendhal, « que les jugements des artistes les uns sur les autres ne sont que
des certificats de ressemblance »; en sculpture, les honneurs du marbre ont été
accordés plus récemment à un *Œdipe* et *Antigone* de M. Hugues, qui n'offraient
qu'un trop fidèle résumé des misères contemporaines; mais le concours de 1887 sur
le sujet « *Thésée à Colone, rendant à Œdipe ses Filles qui lui ont été enlevées* », a
offert plusieurs œuvres d'un sentiment à la fois plus noble et plus vrai.

a-t-on dit, le considérait comme son œuvre la plus achevée : ce qui est vraisemblable, si l'on considère que Giroust était alors dans la force de l'âge et en pleine floraison de talent, à l'heure même où l'Académie achevait l'évolution de sa réforme. Nous remarquons les éloges donnés à la couleur que l'école nouvelle ne tenait pas en grand honneur. Quant à la pensée, juste selon l'un, insuffisante selon l'autre, il est difficile que le point de vue soit le même pour tous : ces divergences d'appréciation aussi bien que certains traits des critiques rapportées, nous rappellent une œuvre qui fut célèbre, la *Sainte Thérèse* faite par Gérard en 1825 pour l'hospice Marie-Thérèse. Il ne faut pas être trop surpris de retrouver dans l'œuvre de Gérard certains caractères que la critique donne à l'œuvre de Giroust, la noblesse du mouvement, l'inspiration de la tête qu'éclaire sous le voile un rayon de lumière venu d'en haut, l'effet général grand et beau. C'est que le vif sentiment de nature, une certaine tendresse d'expression communes aux deux artistes, décèlent une affinité de talents, peut-être une paternité de celui de Giroust, qu'explique, comme nous le verrons, une vive amitié de la jeunesse de Gérard.

Comme dernier renseignement sur ce tableau, ajoutons que dans une gravure de Martini représentant la Visite de Louis XVI et de la Famille royale au Salon de 1785, on distingue la *Sainte Thérèse* de Giroust sur la paroi de gauche du salon carré. Cette gravure, assez rare, a été reproduite en diminutif dans le livre de Paul Lacroix, *Lettres, sciences et arts du XVIIIᵉ siècle*.

. . . .

Le Salon de 1789, sans être plus important que celui de 1787, accentuait les différences entre deux tendances :

D'une part, David consacrait sa situation comme chef d'école par son tableau « *Brutus rentrant dans ses foyers après la condamnation de ses Fils* », scène violente traitée sans ménagements, manquant d'unité d'action, inférieure au *Socrate*, mais qui s'empara de l'esprit public par le sentiment politique. Il présentait encore une œuvre toute différente, « *Pâris et Hélène* », où l'on cherche vainement quelque passion. Les recherches antiques de l'un et l'autre ouvrages eurent une influence immédiate sur le goût et les modes.

Parmi les œuvres moins éloignées de l'Académie, on distinguait : « *Zeuxis, à qui l'on présente pour modèles les plus belles filles de Crotone* », par Vincent, la « *Descente de Croix* », de Regnault, tableau religieux à rapprocher de celui de Giroust, et même le « *Triomphe de Paul Emile* », de Carle Vernet, dernier élève de Lépicié. Vaine confirmation de la vigueur de la vieille institution : là comme ailleurs, la Révolution étouffera la Réforme.

V

La Révolution. Dissensions de l'Académie

A partir de 1789, la passion politique agita toutes les
âmes : toute existence fut bouleversée. La carrière de Giroust
interrompue, puis brisée, en est un exemple frappant.

Comme presque tous les jeunes artistes, Giroust s'était
épris de bonne heure des idées de liberté et d'égalité, à
l'atelier, à l'école de Rome, par l'étude de l'antiquité, par
la fréquentation de David, esprit sans mesure ; toutefois une
nature sérieuse, quelque peu indolente peut-être, un grand
fonds d'honnêteté et de bonté, devaient le préserver d'entraînements funestes, l'éloigner des violences.

Il faut le suivre un instant dans les débats qui s'ouvrirent
à l'Académie, puis dans la vie civique.

Le zèle des novateurs ne pouvait manquer de s'attaquer
aux vieux statuts académiques. L'Assemblée Constituante, il
est vrai, laissait vivre l'Académie Royale et autres formées
sur son modèle, soit par indifférence, soit en considération
des éléments démocratiques renfermés dans ces statuts,
nombre illimité des académiciens, élection à de multiples
degrés ; mais cette hiérarchie même, la démarcation sévère de
trois classes, Officiers, Académiciens et Agréés, offensaient
les idées du jour, les jeunes aspirations ; les plus avancés
attaquaient le privilège académique, établi plus étroitement,
à la faveur de la Liberté des Arts proclamée, par la suppres-

sion de l'Institution des maîtres-peintres. C'est au sein même de l'Académie que les discussions prirent naissance, sur le prétexte d'une pétition présentée par les élèves et soutenue par David, qui se fit le chef des dissidents : Giroust le suivit.

On a dit les phases de cette lutte. Le 5 décembre 1789, vingt-trois académiciens, parmi lesquels Giroust, signèrent la demande d'une convocation générale dans laquelle officiers, académiciens et agréés concourraient indistinctement à la nomination de commissaires chargés de réviser les statuts dans un travail fait en commun. Refus par les officiers de cette communauté de travail qui renversait toute hiérarchie : ils demandent aux académiciens des mémoires motivés, individuels. Réunions répétées et quasi académiques des dissidents dans les salles de l'Académie, au Louvre, qui finirent par leur être interdites. De là grand émoi : le 22 février 1790 on s'assemble chez David, à proximité des locaux interdits. Quatre députés sont nommés, Giroust l'un d'eux, le plus jeune, pour tenter de vaincre cette défense ; ils se présentent aux portes de l'Académie, somment vainement le concierge Philipaut de les ouvrir ; il consent seulement à en référer au Directeur ; c'était alors Vien[1], qui refuse de lever l'ordre de fermeture ; il ne restait plus aux députés qu'à dresser procès-verbal de ces résistances et refus.

En cet état de crise, les dissidents académiciens prennent le grand parti d'appeler à eux les agréés, comme confrères qui font partie intégrante de l'Académie ; ils manifestent auprès des pouvoirs publics. Cependant, le 6 mars, Vien fait prévaloir un plan de conciliation, d'après lequel les deux premiers ordres seuls nomment des commissaires pour la révision des statuts ; au sortir de la séance les opposants, dont le nombre diminue, protestent contre l'exclusion des agréés de ce scrutin, protestation portée chez Vien par ministère d'huissier : Giroust est encore l'un des protestataires. Giroust était sans doute mû par un sentiment de générosité envers les agréés, mais il était arrivé aux limites de son opposition. Il n'était pas de ceux qu'on appelait les *ardents*, qui s'abstinrent volontairement de toute participation aux travaux de l'Académie. A quelque temps de là, il fut

---

[1] Nommé premier Peintre du Roi et élu Directeur à la mort de Pierre (mai 1789).

nommé commissaire pour la classe des Académiciens, ce dont témoigne une note particulière conservée aux Archives des Beaux-Arts, portant la date du 20 juin 1790, c'est-à-dire postérieure de trois jours à l'ouverture de la discussion des statuts dans la Commission mixte : peu bienveillante, elle témoigne naïvement de l'attachement de notre artiste à une certaine logique de principes : « Giroust, un des académiciens ligués avec David contre les officiers de l'Académie, et l'un des commissaires nommés par les académiciens pour la révision des statuts ; prend place, de son autorité privée, parmi les adjoints à professeurs, prétendant qu'il n'y a plus de rangs parmi les commissaires. »

Les dissensions s'accentuèrent avec le prolongement de la discussion, à ce point que le directeur Vien dut se retirer de l'Assemblée, suivi de la majorité des officiers. Ceux qui restaient et la majorité des académiciens formèrent une assemblée rivale, qui se qualifia « *Académie Centrale* » sous la présidence de Pajou. Giroust s'attacha à ce groupe ; ses idées répondaient à la mesure de réformes qui y étaient préconisées, sans la dépasser.

On ne se mit d'accord sur de nouveaux statuts qu'au cours de l'année 1791 : une assemblée solennelle eut lieu pour rétablir « l'ancienne amitié » ; les agréés y furent convoqués, des concessions leur furent faites, et un apaisement intérieur se produisit enfin (8 novembre 1791).

Mais les violents et les ennemis extérieurs ne désarmèrent pas : déjà, dans ces débats, était née l'idée de fonder la *Commune des Arts* sur les ruines de l'Académie.

La vie politique de Giroust fut faite d'aspirations généreuses et d'illusions vivaces ; un petit fait trahit la nuance de ses opinions : en avril 1790, le *sentiment* l'entraîne encore à porter sa modeste offrande à la souscription ouverte par Prudhomme, des *Révolutions de Paris*, pour l'érection d'une statue de J.-J. Rousseau, souscription sans résultat, exemple non contagieux dans le corps académique [1]. Sa famille était loin de fournir un aliment à la passion exaltée ; bien au contraire, son libéralisme y souleva d'ardentes contradictions

[1] On y rencontre quelques noms de l'École de Rome, entre autres le sculpteur de Seine, avec une curieuse offrande-réclame.

et y produisit des divisions irrémédiables. L'École de Rome, foyer d'amitiés, se partageait en tendances diverses : David. ardent et absolu ; Regnault, prêt à s'accommoder de médiocres emplois dans le gouvernement révolutionnaire, ainsi que Bonvoisin, « une victime de l'orgueil académique »; Peyron, bienveillant et modéré, pourvu par la faveur de M. d'Angiviller de la direction des Gobelins, à la veille de l'expier. Nous pensons que les rapports prolongés de Giroust et de Peyron à Rome eurent une suite à Paris, autant que le permettait l'ombrageuse rivalité de David : nous en voyons un indice dans ce fait qu'un portrait de Giroust fut exposé au Salon de 1791, par M⁰ᵉ Gault de Saint-Germain, femme du critique d'art qui a consacré à Peyron une notice émue. Giroust habitait, dans la rue Plâtrière devenue rue J.-J. Rousseau, l'hôtel Bullion ; séjour fort animé, car l'ancien hôtel de l'homme d'État financier, récemment acquis par le peintre expert Paillet, servait aux ventes publiques d'objets précieux, livres et tableaux, et aussi à des concerts d'amateurs, des bals et fêtes maçonniques. Il s'y lia, selon toute apparence, avec le peintre Valenciennes, qui habitait au même lieu ; l'égalité d'âge, l'accès de l'Académie dans le même temps, et jusqu'au talent sérieux du rénovateur du paysage historique, appelaient entre les deux artistes un rapprochement.

Dans ce centre d'activité, il était difficile de ne pas se livrer au mouvement de la vie publique : assemblées de section ou du Bataillon des Arts groupé autour du Louvre, visites aux tribunes des clubs. Ajoutons que Giroust eut un atelier au Louvre, très ouvert à la politique militante ; sans préciser à quelle époque, rappelons qu'après le décret du 26 mai 1791, qui « consacrait le Louvre à la réunion des Monuments des Sciences et des Arts », tout académicien ou agréé prétendait avoir droit à cette habitation. Non loin, au Palais-Royal. une amitié fidèle exerçait une influence modératrice. celle de M. Mirys, qu'on a dépeint « estimé de tous les partis. »[1]

Nous avons accordé quelque influence sur la direction des travaux de Giroust, aux rapports directs ou indirects

____

[1] De Sévelinges : *M⁰ᵉ la comtesse de Genlis en miniature.*

avec le salon de Mme de Genlis : plus sûrement, il semble qu'on puisse attribuer une influence politique à la fréquentation de Bellechasse, de Saint-Leu, du Raincy. C'était alors la grande faveur des réunions à la fois sérieuses et brillantes : Mme de Staël en tenait le sceptre. Mme de Genlis, devenue marquise de Sillery, avait laissé assombrir son salon, asile des dernières élégances, par les idées graves du jour; ennemie de Voltaire, indulgente à Rousseau, elle avait accueilli la philanthropie sentimentale et même les philosophes adoucis; abandonnant la réaction religieuse dégénérée en un illuminisme mystique, elle y avait substitué un libéralisme avancé, contradictions qu'expliquaient l'entrainement général et une situation particulière : un certain prosélytisme, dont les *Mémoires* se défendent trop, n'y pouvait faire défaut. Singulière était la réunion autour de M. et Madame de Sillery, des noms brillants de la noblesse libérale et des noms plus compromettants de Pétion, Brissot-Warville, Barrère de Vieuzac, David, Volney, Chénier et autres hommes de la Révolution, de plus en plus engagés avec elle. On avait rompu avec Chénier à la première représentation de son *Charles IX*, avec David à propos de la *Pompe de Voltaire*, dont il avait fourni les dessins, et du *Jeu de Paume*, où la foudre était dirigée sur le château de Versailles. Mais en somme, le respect de la royauté était allié à des illusions qui devinrent vite des témérités, car elles s'emportèrent en une aveugle passion pour des principes que la Constitution de 1791 allait résumer jusqu'au détriment certain de la Monarchie.

Giroust vécut dans ce courant d'idées. L'éducation de Mme de Sillery y avait également entraîné l'aîné de ses élèves, le duc de Valois, devenu duc de Chartres par la mort de son aïeul en 1785; bientôt, en s'attachant au prince, Giroust ne sera pas en désaccord de sentiments avec lui. Il faut ramener à sa juste valeur l'affiliation du jeune duc de Chartres en novembre 1790, par la volonté paternelle, à la Société des Amis de la Constitution ou Jacobins, alors encore sous l'influence du parti libéral : le *Journal* qu'il tint à cette époque constate le caractère inoffensif du peu de discussions auxquelles il se mêla ; les *Mémoires* de Barrère apportent un témoignage non suspect que « le prince était porté vers les opinions de la droite »; c'était aussi le penchant de M. *de* Mirys (pour employer une variante de son nom), qui exerçait parfois son influence sur les présentations dont le prince était rapporteur, comme le *Journal* le montre. [1]

Dans son libéralisme un peu naïvement enthousiaste, Giroust ne se départit jamais d'une honnête modération. Il se réserva dans sa liaison avec David et ses adhérents, puis il se sépara à mesure que s'aggravèrent les actes auxquels le grand peintre, triste politicien, se laissa emporter. David lui-même nous fournit le témoignage le plus net de cette modération ; c'est la justification nécessaire d'une carrière qui a été trop diversement jugée.

Le 24 décembre 1792, David, membre de la Convention, adressait à Florence, à Topino-Lebrun, son élève et malheureux séide, une fâcheuse lettre, où il assumait la responsabilité de la suppression du poste de Directeur de l'École de Rome, et de l'ordre d'enlèvement des insignes royaux de cette Académie dont le pillage fut la suite, accompagné de scènes de meurtre. En *post-scriptum*, on lit ce cri de détresse : « Venez, mon ami, car je n'ai plus d'amis. Giroust étant à l'armée et NE PENSANT PAS COMME NOUS, Gérard est farouche. » (*Le peintre Louis David*, par Jules David, p. 122.) Évidemment le vide des anciennes amitiés s'était fait autour de l'ardent révolutionnaire; sa despotique amitié n'avait pas eu prise sur l'esprit juste et sage de Giroust; quant au jeune Gérard qui avait fréquenté enfant l'École de Rome, alors que son père occupait un emploi à l'ambassade, et y avait connu Giroust, rentrant en France en même temps que lui, c'était exagérer ses regrets du départ d'un vieil ami qu'y voir la cause d'une humeur « farouche » ; on doit y reconnaître la

[1] Dans ce *journal* ou *Mémorial* (dont le manuscrit, par une infidélité de Clarke, livré au premier Consul, fut imprimé par ordre de ce dernier en 1803), il est fait mention, à la date du 22 décembre 1790, d'un concert commencé dans la chambre de M. Myris, au Palais-Royal, et terminé dans l'appartement du prince : à la date du 25 janvier suivant, on lit : « J'ai donné ensuite à souper à MM. Myris et Giroust. Pendant le souper, ma mère est venue avec Madame de Lamballe. »

Dans ses *Mémoires* (publiés par Carnot et David d'Angers. Paris. 1842) Barrère, qui fut député du pays de Bigorre aux États-Généraux, membre du Tribunal de Cassation sous la Législative, avant de jouer un rôle odieux comme conventionnel, énumère la société de Bellechasse, parle de la grande liaison de David avec le professeur de dessin Mirys, des agréables soirées de Monceaux et du Raincy : il eut la singulière fortune d'échapper à toutes les proscriptions, porté jusqu'après 1830 par les suffrages de ses compatriotes.

trace de froissements de conscience chez l'artiste dénué de ressources, quand David le protégeait à sa manière en le faisant inscrire, sans le consulter, sur la liste des Jurés du Tribunal révolutionnaire. Retenons surtout qu'alors Giroust *ne pensait pas comme David* et que ses sentiments avaient gagné Gérard, déjà aux regrets d'avoir esquissé « *la Nuit du 10 Août.* »

VI

L'Exposition libre de 1791

Lorsque l'Assemblée Constituante, usurpant sur le Domaine royal, eut affecté le Louvre « à la réunion des Sciences et des Arts », les artistes non privilégiés se jugèrent en droit d'y exposer leurs œuvres : l'Académie rencontra de nouveau l'opposition de David, qui appuya leur requête auprès des législateurs, déclarant qu'il ne satisferait pas au désir public de voir reparaître ses œuvres anciennes, si ce n'était pas un droit ouvert à tous ; elle défendit vainement la possession exclusive des salles qu'elle tenait par faveur spéciale de la protection du Roi. L'Assemblée décida, au rapport complaisant de Barrère, que l'Exposition de 1791 s'ouvrirait au Louvre, librement, pour tous artistes et pour toutes œuvres. On a célébré la manifestation qui s'en suivit comme un triomphe de la Révolution, un magnifique résumé des progrès accomplis depuis la décadence. Cependant le *Journal* du graveur Wille a noté froidement la médiocre impression produite par la promiscuité d'œuvres sans cohésion dont ce Salon nous a légué l'héritage : en réalité, il préparait la dictature de l'art par l'ambitieuse réunion des œuvres maîtresses de l'école archaïque ; les « *Horaces* » et le « *Brutus* » bénéficiaient du respect rendu aux nouveaux dogmes politiques ; des œuvres plus sincères du maître, de superbes portraits, l'esquisse du « *Serment du Jeu de Paume* » étaient négligées.

Giroust rallié à l'Académie, à laquelle il n'avait demandé que des réformes, ne pouvait se tromper ni sur la gravité de l'atteinte suprême portée à ses privilèges, ni sur la dictature pseudo-antique qui menaçait d'étouffer l'idée Française dans un art étroit et exclusif. Il ne produisit pas, à l'exemple de beaucoup d'autres, des travaux de toutes dates, mais seulement ceux accomplis dans l'intervalle du dernier Salon. De nombreuses récompenses furent décernées, prix et commandes : mais le lendemain une critique s'éleva, disant que les seuls ouvrages qui eussent dû concourir étaient ceux exposés pour la première fois en 1791 ; s'adressant au Jury du suffrage universel : « Quelques personnes se sont écriées que vous vous déterminiez par des principes démocratiques ou aristocratiques ; je les ai rassurées, sachant que vous n'avez qu'à prononcer sur le mérite des ouvrages nouveaux, et non d'après la faveur éphémère d'une faction. » Critique et ironie n'étaient pas pour déplaire, croyons-nous, à notre artiste.

Giroust avait consacré ses plus récents travaux à la Maison d'Orléans : il exposait trois toiles de genres bien différents.

D'abord une œuvre sévère ainsi annoncée au livret (n° 767) : « *Sainte Félicité exhortant le dernier de ses fils au martyre.* » Dimensions : 1 mètre 47 centimètres de hauteur sur 1 mètre 14 centimètres de largeur. C'est le même tableau qu'on a dénommé, mais seulement plus tard, « *le Martyre des Machabées.* »

Une note curieuse émanant du roi Louis-Philippe, témoignage de l'attachement de ce prince pour les souvenirs de sa jeunesse, a été reproduite aux *Nouvelles Archives de l'art Français*, année 1874-1875 ; elle donne la date et l'origine de cette œuvre. « Ce tableau qui a été fait à Saint-Leu, en 1789, était destiné à la chapelle du château. La comtesse de Genlis, gouvernante des enfants du duc d'Orléans, dont les noms de baptême étaient Félicité-Stéphanie, en avait choisi le sujet, et les trois princes, ses élèves, ont posé pour leurs têtes, ainsi qu'elle, dans le tableau. La sainte est représentée par la comtesse de Genlis, exhortant l'enfant que le bourreau lui arrache et lui montrant le ciel qui l'attend. Cet enfant est le comte de Beaujolais. — Les deux jeunes gens dans l'intérieur du tableau sont : 1° celui qui est le plus rapproché du cadre et qui a la tête renversée en arrière, le duc de Chartres, devenu depuis le roi Louis-Philippe Ier; 2° celui qui est le plus dans l'intérieur du tableau et qui se penche en avant, le duc de Montpensier. »

Sainte Félicité était une patricienne romaine qui, sous le règne de Marc-Aurèle, l'an 164 de notre ère, subit le martyre avec ses sept enfants, l'un après l'autre ayant refusé de renier leur foi. Mais le même fait de sept enfants martyrs et l'exhortation suprême de la mère au dernier d'entr'eux, sont développés dans l'Ancien Testament, livre II des Machabées, chap. VII. De là l'application du titre « *Martyre des Machabées* », en dépit du style romain et de quelques divergences avec le texte sacré, quand ce tableau fut classé au « Musée spécial de l'École Française », réuni à Versailles, sans doute comme dépouille du château de Saint-Leu. C'est aussi sous ce titre que le peintre et critique d'art Landon en a donné le dessin au trait et fait l'analyse dans ses *Annales du Musée* (t. V, planche 26, année 1802).

Ce tableau fit partie de la collection de Versailles jusqu'à l'époque où le gouvernement de la Restauration fit des distributions d'œuvres d'art aux églises et aux établissements publics. Le « *Martyre des Machabées*, » par Girou *(sic)*, fut attribué le 31 août 1820 à l'église de Blaringheim (Nord), et remis à l'abbé Lefebvre de Palme *(Nouvelles Archives,* année 1878, p. 387). Triste exil : la vieille église du bourg agricole, vaste nef et haute tour carrée de briques, s'élève, dénuée d'ornements, aux confins des froides plaines de la Flandre et de l'Artois. Il est heureux que ce tableau, voué à l'abandon, ait été recueilli et conservé intact à notre temps par un souvenir pieux. On le voit maintenant dans la chapelle du château de Randan, près Vichy, propriété de Mgr le duc de Montpensier.

A l'extrémité de la magnifique terrasse qui domine au loin l'opulente Limagne, s'ouvre la tribune supérieure et d'honneur de la chapelle : au-dessous, dans le parvis, se trouvent les mausolées en marbre du duc de Montpensier et du comte de Beaujolais, les frères, morts jeunes, du roi

Louis-Philippe. [1] Des deux côtés de la tribune, deux ailes ou avant-corps présentent de face aux assistants deux peintures : à gauche, une fort belle répétition, datée et signée, [2] de la *Sainte Famille* de Raphaël, dite de François Ier (au Louvre) ; à droite, la *Sainte Félicité* de Giroust portant sur le cadre, non l'inscription dorée dont les *Archives* ont parlé, mais, dans un cartel, la note autographe du Roi.

Le peintre français doit cette place d'honneur au touchant contraste de la jeunesse des princes retracée par son pinceau, et de leurs tombes voisines. Touchante aussi est la scène représentée : une suite de jeunes gens entremêlés de gardes s'éloigne sous les voûtes, se repliant dans une montée, conduite au martyre; deux des plus proches, têtes brune et blonde, visages expressifs et résolus, d'âge gradué, n'avancent qu'en jetant un regard en arrière ; au premier plan, un enfant dans les bras de sa mère se raidit avec énergie contre le bourreau qui l'entraîne, pour écouter, les yeux levés au ciel, les dernières paroles qui le lui promettent ; la pitié naît de tant d'innocence et de faiblesse opposées à la force athlétique du bourreau. Sous ces impressions, l'esprit reste indulgent au rapprochement de Raphaël : tout d'abord, le chaud et lumineux coloris du chef-d'œuvre fait pâlir les tons adoucis employés par le peintre moderne, et cependant la discrétion et la distribution savantes des nuances de son pinceau séduisent les yeux ; là, on est saisi par le charme puissant, l'intensité de vie d'un dessin magistral ; ici, l'on est sensible à une certaine douceur de la forme s'alliant à la pureté, répondant bien aux tendresses du sujet.

Ce n'est cependant qu'une étude dite académique, poursuivie même dans quelques parties jusqu'à la recherche de la difficulté, tel l'enlacement des mains de la mère, de l'enfant et du bourreau, mais on y rencontre un sentiment aimable et vrai, une note personnelle, qu'avant et depuis cette date la raideur inhérente au genre a rarement produits; étude historique et romaine, au gré de l'époque, s'éloignant

(1) Le duc de Montpensier, décédé à l'âge de 32 ans, à Twickenham, le 18 mai 1807, a un monument dans l'abbaye de Westminster, à Londres ; le comte de Beaujolais, décédé à Malte, en mai 1808, âgé de 28 ans, eut sa sépulture dans la cathédrale de cette ville.

(2) Peut-être reproduisant l'inscription qu'offre l'original sur le bord du manteau de la Vierge.

quelque peu, bien que destinée à l'autel, du sentiment
exclusivement religieux des derniers travaux de Giroust ;
mais dans cette forme encore, semble-t-il, émanation directe
de l'ancienne Académie réformée.

La critique et les biographes se sont accordés à dire que
ce tableau fit beaucoup d'honneur à son auteur. (Landon,
Naegler). L'*Explication critique et impartiale*, etc.... par
M. D***, citoyen patriote et véridique (Chéry), le caractérise
ainsi : « un dessin correct, un pinceau ferme et large ? »

Notre artiste est nommé, dans la table du livret *Giroux*,
pour la première toile *Giroult*, pour la seconde *Girou*.

La deuxième toile exposée par Giroust (n° 16 du livret)
porte le titre : « *La leçon de Harpe.* »

Ce tableau a fait partie de la nouvelle collection du
Palais-Royal réunie pendant la Restauration par le duc
d'Orléans ; il est compris sous le n° 260 au Catalogue
descriptif sous ce titre : « *Leçon de harpe* donnée à Mademoiselle (Eugénie-Adélaïde-Louise d'Orléans) par Mme la
comtesse de Genlis, sa gouvernante ; Mlle Paméla, depuis
lady Edward Fitz-Gérald, tourne les feuillets du cahier de
musique, » par Antoine Giroust. Dimensions : 90 pouces
(2^m 43^c) hauteur, 68 pouces (1^m 83^c) largeur. Son exécution
doit être placée en 1790.

C'est une œuvre gracieuse, portraits et genre réunis. La
scène est au château de Saint-Leu, dans un salon d'été dont
une arcade ouvre sur une allée de parc ; comme décor, un
piédestal surmonté d'une petite statue de Minerve. Au centre
du tableau, Mademoiselle, treize ans environ, exécute un
morceau, embrassant, assise, une petite harpe dorée ;
l'expression du visage vu de face est extrêmement vive et
naturelle ; robe blanche avec large ruban en sautoir, frangés
or ; plume blanche dans les cheveux. Un peu en arrière, à
droite, la comtesse de Genlis, également assise, attentive,
les doigts sur les cordes de sa grande harpe brune, accom-
pagne ; la figure n'est pas très jolie, mais aimable et vivante ;
haut et peu gracieux chapeau de paille, décoré de coques de
rubans violets, qui se renouent sous le menton ; fichu de
mousseline croisé ; corsage et jupe rayés bleu et mauve. Au
côté gauche, mademoiselle Paméla, debout devant le pupitre

à musique, tourne les feuillets ; dix-sept ans, très jolie figure, belle stature ; cheveux noirs demi-poudrés, tombant bouclés sur le col, rattachés au sommet de la tête par un ruban bleu, deux fleurs rouges sur le front ; corsage blanc accompagné d'une longue écharpe jaune ; jupe d'étoffe légère bleu pâle. Ces toilettes étudiées donnent les modes de l'époque : une grande délicatesse de goût, certainement partagée par des modèles qui pouvaient s'en croire les arbitres, assortit les nuances des couleurs, généralement claires ; toute la gamme en est douce, mais le ton gris-bleu domine.

Le groupe des trois personnages est bien composé ; Mme de Genlis et sa pupille, Mlle Paméla, sont montrées l'une de trois quarts, l'autre de profil, échelonnées aux côtés de la jeune princesse qu'elles observent ; toute son importance est laissée au portrait principal. Le plus aimable naturel anime la scène. Dans cette œuvre, par un heureux privilège, tout intéresse : chacun des personnages, à des titres divers, captive l'attention ; les souvenirs s'éveillent, et toutes les sympathies se réunissent sur la jeune figure, centre du tableau. On est même curieux de cette harpe qui joue un si grand rôle dans les *Mémoires*, voyageant dans toutes les cours, plus tard sur toutes les routes de l'exil. [1]

Le peintre ne put manquer d'y gagner l'amitié de son modèle.

L'original de ce tableau a été détruit au Palais-Royal par la révolution de 1848 [2]. Une reproduction seulement paraît être en la possession de Mgr le duc de Nemours. Une autre copie se trouve au Musée de Versailles : Œuvre d'un peintre distingué, M. Mauzaisse (1784-1858), elle est placée au second étage, consacré aux portraits, galerie de l'Attique du Midi, sous le n° 4531 ; une place avantageuse lui a été attribuée, en saillie sur l'un des corps de cheminée, l'autre étant occupé par la célèbre « *Chasse au lac Patria* », de Joseph Vernet.

(1) Mlle Paméla, enfant anglaise élevée par Mme de Genlis pour servir de compagne à Mademoiselle, avait acquis, par sa beauté, une sorte de popularité à laquelle la politique prit part (*Souvenirs de Mme Vigée Lebrun*, lettre XII). Le lord Édouard Fitz. Gérald l'épousa au commencement de 1793, frappé de sa ressemblance avec une défunte qu'il avait aimée, la femme du célèbre Sheridan : après sa mort tragique dans l'insurrection d'Irlande, sa veuve, remariée à Hambourg, n'eut qu'une existence très médiocre ; Barrère, qu'on appelait *son tuteur*, raconte qu'il la rencontra à Boulogne, après 1830, fuyant ses créanciers d'un côté à l'autre du détroit.

(2) Dictionnaire Bellier de la Chavignerie, au nom *Mauzaisse*.

Un troisième tableau de Giroust ne figure pas au Catalogue général des œuvres exposées conformément au décret de l'Assemblée Nationale, daté de l'an III de la Liberté, mais seulement au Livret particulier que l'Académie avait fait imprimer, des ouvrages de ceux de ses membres qui étaient restés en France[1]. C'était le portrait du jeune duc de Chartres, auquel le Catalogue ci-après mentionné donne la date de 1790. A ce moment, le jeune duc de Chartres est peut-être encore mêlé à la vie civile, mais à la veille d'entrer à l'armée. Ce portrait, contemporain des jeunes années du prince, semble être unique ; il serait précieux rien qu'à ce titre, et la copie qui en a été faite donne à penser qu'il pourrait être resté en la possession du chef de la Maison de France. Il figure au Catalogue descriptif de la nouvelle Galerie du Palais-Royal sous le n° 256, et une copie s'en trouve au Musée de Versailles, n° 4526, « par A. de Creuze, d'après Giroust », dans la galerie de l'Attique du Midi, à peu près en face la *Leçon de Harpe.*

La physionomie du duc de Chartres, bienveillante et d'une finesse expressive, est heureusement traduite par un pinceau délicat ; la taille est mince et élancée, c'est un simple buste ; l'habit bleu à collet rouge pliant, à larges boutons de métal où se lit la devise : Liberté, la cravate blanche flottante. Œuvre non moins distinguée que les précédentes.

Arrivons aux suites de l'Exposition de 1791. Giroust ne fut pas au nombre des commissaires élus, après bien des débats, en février 1792, partie dans l'Académie, partie en dehors d'elle, pour le jugement des récompenses : il n'obtint non plus aucune distinction. Nous ne pensons pas que ces exclusions aient eu pour cause l'insuffisance des œuvres exposées par Giroust : sa disgrâce fut commune à plus d'un défenseur de l'Académie, dans le petit nombre qui ne s'était pas abstenu. Et puis, à considérer les personnages qu'il avait mis en scène, ne fut-il pas de ceux qui, selon la préface de la *Critique impartiale,* « naguère soutenus par la faveur et l'intrigue, allaient se cacher et disparaître » ? Giroust, s'il avait eu des soutiens, les voyait d'abord disparaître : Mme de

---

[1] Ce portrait est cité dans un opuscule de M. Théodore Gosselin : *Histoire anecdotique des Salons de peinture depuis 1673,* p. 103.

Genlis, qui avait essayé de vains écrits sur l'éducation du peuple, sous le nom de Mme Brulart ci-devant Sillery, pressentant le danger imminent aux premières mesures de l'Assemblée Législative contre les émigrés et les prêtres, avait fui en Angleterre avec Mademoiselle le 11 octobre 1791; le duc de Chartres et son frère, le duc de Montpensier, s'étaient abrités sous les drapeaux.

Giroust s'affecta-t-il de voir son nom effacé et suspect aux partis, à l'heure de l'entier développement de son talent dans un milieu plein de promesses? On pourrait le croire. A l'heure où s'ouvrait la période la plus violente de la Révolution, pressé par les événements, il brisa volontairement sa carrière d'artiste : tant d'espérances données, réalisées déjà, s'effacèrent. Nous n'aurons plus guère à noter que de pénibles réveils.

VII

A l'Armée. En Lorraine.

Le 26 octobre 1792, David, prenant la parole pour la première fois à la Convention, disait : « ... Nos artistes Français ont été des premiers à se livrer aux élans du patriotisme, et plusieurs d'entre eux ont abandonné leurs occupations paisibles pour se livrer à ce que la défense de la République pouvait exiger d'eux. Beaucoup ont préféré, en se rendant aux frontières, la gloire de la République à leur propre gloire... » Si la République avait donné des emplois rétribués à des artistes en détresse, c'était encore sous la Monarchie, déclarant la guerre le 20 avril 1792, que d'autres avaient rattaché leur patriotisme à l'honneur militaire comme au seul élément modérateur des excès, aussi bien qu'à la défense du sol. Nous ne savons si, volontairement, beaucoup de jeunes quittèrent l'atelier pour l'armée : mais Giroust, plus âgé, le fit, et l'Académie n'avait sans doute aucun autre nom à inscrire dans ce volontariat. Comme mobiles particuliers de sa conduite, on peut reconnaître les déceptions de l'art et de la politique, et son attachement pour le jeune duc de Chartres, auprès de qui il trouvait un poste d'honneur en des circonstances chaque jour plus critiques.

Giroust n'eut pas de grandes prétentions militaires et n'a pas laissé le souvenir de faits d'armes : tout au plus, d'après une tradition recueillie dans le village où les événements devaient le tenir exilé, il s'appelait alors volontiers « le premier grenadier de la République », par allusion à sa taille et à ses services de la première heure. Mais nous tenons pour certain qu'homme de devoir, il accepta avec dévouement les épreuves et les dangers qu'appelaient sur lui ses fonctions d'aide de camp du duc de Chartres : or, dans ces deux premières campagnes de la Révolution, le poste périlleux fut toujours réservé au commandement du prince. La situation de Giroust s'augmente d'un caractère de confiance grave, si l'on considère sa supériorité d'âge de près de vingt années ; de plus jeunes, et d'abord le duc de Montpensier, étaient groupés dans cette maison militaire.

Le duc de Chartres, vers l'âge de dix-huit ans, en 1791, s'était mis à la tête du régiment de son nom, le 14e dragons, en garnison à Vendôme. Lors de la déclaration de guerre, il commandait la ville de Valenciennes : dans le vide des cadres, après les premières prises d'armes, dès le 9 mai 1792, il fut promu à l'ancienneté au grade de maréchal de camp. C'est à ce moment que Giroust vint prendre place dans l'état-major du prince, à moins que sa résolution ne doive être reportée aux grands enrôlements volontaires du mois de juillet ; auquel cas il aurait rejoint en Lorraine le duc de Chartres, cantonné à la fin de ce mois vers Metz, sous Kellermann.

Suivre les luttes de cette période si intéressante de notre histoire, ce serait encore retracer la vie de l'artiste soldat à côté de son chef, si modeste qu'on suppose son rôle. Nous nous bornerons à rappeler des noms et des dates bien connus :

Le 20 septembre 1792, le combat de *Valmy*, premier succès de nos armes qui aura un long retentissement ; le témoignage officiel de l'énergique Kellermann est acquis aux défenseurs du poste du Moulin de Valmy, « sous l'un des feux les plus meurtriers qu'on puisse voir. » [1]

(1) Les sentiments des combattants de Valmy éclatent dans une lettre intime du roi Louis-Philippe à la Reine, dont une copie, d'une sincérité indiscutable, est tombée entre nos mains ; lettre non publiée, croyons-nous, qu'on peut rapprocher du *Moniteur* du 11 juin 1831 relatant quelques-uns des mêmes incidents du voyage du Roi dans les départements de l'Est. Nous citerons, à titre de curiosité, quelques passages touchants :

St-Menehould, 8 juin 1831 — Mercredi à 11 h. d. s.

Ma chère bonne amie,

C'est de la chambre que le général Dumouriez occupait en 92 que je t'écris ce soir....... Tu imaginerais difficilement les sensations que m'a fait éprouver une longue promenade sur ce premier théâtre de nos victoires nationales, quand je me

Le 6 novembre suivant, la guerre étant reportée de la Champagne à la conquête des Pays-Bas Autrichiens, la bataille de *Jemmapes*, terminée par la sage concentration et l'élan irrésistible du *bataillon de Jemmapes*, formé sous le feu par le duc de Chartres ; victoire qui nous donnait bientôt la Belgique jusqu'à la Meuse.

Après ces deux journées, nous voyons Giroust rentrer momentanément à Paris à la suite de son chef. Le soir de celle de Valmy, le duc de Chartres avait été envoyé à Paris pour y porter la nouvelle de la victoire, avait appris qu'il était remplacé dans son commandement, nommé gouverneur de Strasbourg ; il n'avait dû de conserver son poste dans l'armée active qu'à l'intervention hautaine et brutale d'un inconnu, Danton, ministre de la justice, qui le lui fit rendre, non sous Kellermann, mais sous Dumouriez.

suis retrouvé sur l'emplacement identique de ma division, que je revoyais tout le pays environnant comme ma mémoire locale en avait conservé le souvenir depuis 40 ans, et que je montrais, tant à nos enfants qu'à nos excellents compagnons, parmi lesquels se trouvaient un maréchal (Gérard) et un lieutenant-général (Tirlet) qui étaient tous deux simples soldats à cette bataille, l'emplacement des batteries ennemies et celui des nôtres, aussi bien que tout le développement des positions des deux armées, — je faisais mes réflexions sur l'importance de ces mamelons de craye dont la défense avait sauvé la France et décidé le sort de la guerre !...... Une scène peut-être plus frappante encore m'attendait au tombeau de Kellermann près duquel j'ai trouvé un homme qui avait un bras de moins et qui m'a dit : « Sire, mon général, j'étais canonier dans votre division, je servais une des pièces de cette batterie où vous étiés, lorsqu'un boulet des ennemis emporta mon bras gauche. La Convention m'a voté une pension de 800 francs qui a été réduite à...., et quand j'ai su que mon ancien général, devenu notre roi, devait visiter notre champ de bataille et de victoire, je suis parti de Clermont où je demeure pour m'y trouver de nouveau auprès de vous et vous demander justice. » Je me suis fait donner une croix de la Légion que j'ai prise à M. Dumas et j'en ai décoré ce brave vétéran au bruit des acclamations de tous les spectateurs qui en ont été transportés de joye. J'ai fait silence non sans peine et je lui ai dit : « Mon cher camarade, je me réjouis, que vous n'ayés pas obtenu plus tôt ce
» signe de l'honneur que vous avés si bien mérité et depuis si longtemps, puisque cela
» me procure la satisfaction de vous le donner moi-même au bout de 40 ans sur ce
» champ de bataille où nous avons combattu ensemble et où vous avez perdu votre
» bras en défendant la patrie et notre indépendance nationale. » Ce brave homme s'appelle Jametz..... Je regrette de n'avoir pas le temps de te raconter pendant que j'en suis tout rempli et je dois le dire, encore tout ému, les détails de ma visite dans toutes les localités qui fourmillent de souvenirs pour moi. J'ai revu toutes les chambres où j'ai couché et les vieux et les vieilles qui m'ont vu. Un d'entr'eux avait sur le corps un habit vert pomme qu'il m'a dit m'avoir prêté quand j'étais mouillé et que je n'avais pas de quoi changer — et c'est vrai.... Un autre m'a dit : « Ah ça ! mais
» je vous connaissais bien vous et votre frère, car il y avait deux *Orléans*, et je sais,
» pardonnés moi, qu'il y en a un de mort, mais je voudrais bien savoir lequel des
» deux vous êtes ». — Je suis l'aîné, celui qui était général. — « Ah, j'y suis, vous
» êtes le général, je m'en ressouviens... et votre frère est-il mort depuis longtemps ? »
— « Depuis longtemps, il n'a pas revu la France. » — « Ah ! j'en suis fâché, car ma foi
» vous étiés tous les deux de bien braves gens, voilà tout ce qu'on peut dire... et une
» fois j'ai déjeuné avec vous deux sur l'herbe devant le camp ». Mon entrée dans St-Menehould était une espece de triomphe, et je ne finirais pas si je voulais répéter tout ce qu'ils m'ont dit. Je t'embrasse et mes chers enfants et ma sœur. Bonne nuit.

(Curieuse note de M. Taine, *Origines de la France contemporaine*, t. II, p. 284). Giroust entendit-il les propos audacieux du fauteur de « l'Affaire de Septembre » ? Il retrouvait sa famille en deuil d'une des victimes de ces massacres : *Jérôme Giroust*, le cinquième en âge des six fils, était prêtre ; incarcéré à l'Abbaye, il venait d'y périr sous le feu des assassins, à l'âge de 27 ans.

Après Jemmapes, autre retour, scènes bien diverses. Aux derniers jours de novembre, Mme de Sillery rentrait à Bellechasse, ramenant de Londres Mademoiselle d'Orléans, sur l'ordre de son père ; mais deux jours après, une séparation triste et définitive avait lieu au séjour naguère familier du Raincy : il fallait aller attendre à Tournay, pays neutre, un décret d'exception à la loi d'émigration ; il ne devait pas être rendu.

Les artistes formaient encore un groupe de société attaché à la Révolution ; ils voulurent fêter Dumouriez, qui était venu essayer, en faveur de la modération, l'influence de ses victoires et de ses services révolutionnaires. Giroust n'était pas étranger à un salon dont David était le familier, le salon de Mme Talma, dans le petit hôtel de la rue Chantereine, appelé à voir naître la grandeur de Bonaparte. Notre artiste militaire ne pouvait manquer à cette fête donnée en l'honneur de son général, où l'on vit paraître, au milieu de tout ce qui restait des élégances de la France, le farouche Marat en carmagnole, venant, avec deux acolytes de club, demander compte au soldat victorieux de sa conduite : Dumouriez se donna la satisfaction de bafouer cette impudente incartade, mais son redoutable adversaire proféra en se retirant d'horribles menaces : l'armée devenait un refuge pour le vainqueur.

Le funeste hiver de 1793 réunit un instant les jeunes princes d'Orléans à leur sœur, à Tournay ; puis la guerre se ralluma aussitôt après la mort de Louis XVI. En février, le duc de Chartres prit part au siège de *Maëstricht*, sous Miranda, monta à la tranchée, repoussa deux sorties ; mais l'affaire fut abandonnée avec perte d'artillerie, et il n'eut plus qu'à couvrir la retraite. Dumouriez, accouru de la Basse-Meuse, rétablit l'offensive le 18 mars contre les positions de *Nerwinde* ; bataille acharnée, où le duc de Chartres porta avec succès le plus grand poids de la lutte, jusqu'au moment où la gauche, repliée au loin, contraignit à une retraite générale, conduite avec le plus grand sang-froid. On a peu parlé de cette bataille perdue, par faux scrupule, bien que de grandes qualités militaires y aient été déployées par le prince, au milieu de tous les dangers.

Giroust assista sans doute à la plupart des scènes dramatiques qui succédèrent à cet événement : les négociations peu voilées de Dumouriez avec l'Autriche ; sa rencontre à Tournay, chez Mademoiselle d'Orléans, avec trois émissaires des Jacobins, auxquels il exprime sans réserve ses tendances hostiles ; l'arrivée au camp de Saint-Amand, le 2 avril au soir, de quatre commissaires de la Convention accompagnés de Beurnonville, ministre de la guerre, un frère d'armes du général ; les explications violentes et la suspension prononcée par Camus, à la vue des officiers frémissants ; l'arrestation des commissaires livrés comme otages à l'Autriche ; l'hésitation de l'armée ; une embuscade à laquelle Dumouriez n'échappe, en passant dans les lignes ennemies, que pour retrouver, à son retour au camp, la confusion et le désordre dans tous les corps ; enfin, le 5, sa fuite précipitée à l'étranger avec quelques officiers, parmi eux le duc de Chartres. La veille, le prince avait brusquement lié le sort de Mademoiselle, sa sœur, à celui de Mme de Sillery, qui s'exilait furtivement.

La situation des aides de camp du prince était cruelle. Tout leur attachement ne pouvait les défendre du trouble moral où les projets hâtifs de Dumouriez avaient jeté l'armée ; leur fidélité donna tous les témoignages en son pouvoir ; il n'y avait pas à accompagner, dans sa fuite, un prince condamné par sa naissance à errer seul et ignoré à travers l'Europe.

Le duc d'Orléans, ses deux plus jeunes fils, furent emprisonnés : le Comité de sûreté générale fit décréter à plusieurs reprises contre les personnes attachées à divers titres à la Maison d'Orléans. Giroust ne fut pas atteint par ces mesures, préservé sans doute par son peu d'importance politique, peut-être aussi par le bon vouloir de David, devenu peu après membre du puissant Comité ; il quitta l'armée et revint vivre obscurément au Vivier, auprès de son père. Ce fut pour peu de temps : il ne pouvait fréquenter Paris, exposé comme il l'était à la qualification de suspect. La vie agricole lui offrit au loin une retraite sûre, bientôt une nouvelle existence.

. . . .

. . . .

. . . .

Giroust le père, ayant à pourvoir à l'établissement d'une nombreuse famille, s'était préoccupé de former une exploitation agricole distincte de celle du Vivier, pour quelqu'un de ses fils : ses vues se portèrent sur la Lorraine, où naguère il s'était fait une attache assez singulière au Parlement de Metz. Le 2 mars 1791, il se rendit acquéreur, au Directoire du district de Lunéville, de biens d'église situés au village de Serres, non loin de Lunéville, consistant dans le couvent d'un très petit groupe de religieux de l'ordre des Frères Minimes de saint François de Paule, le clos l'entourant, les terres de labour qui y étaient attachées, quelques autres encore.

Le grand bâtiment du couvent subsiste, solide construction de style Lorrain ; mais ses larges couloirs, ses logis sont dégradés par l'incurie d'une longue jouissance rurale, sa chapelle à porte cintrée sert de grange. Le terroir de Serres offre une riche culture dans une dépression du plateau dominant au nord la vallée que suit le canal de la Marne au Rhin : des bords de ce plateau la vue s'étend par delà Lunéville sur la chaîne des Vosges et le mont Donon, son plus haut sommet, et d'autre côté s'arrête aux faîtes boisés séparant de la vallée de la Seille, limite aujourd'hui de la Lorraine démembrée. [1]

Le père de famille fit dresser acte de cette acquisition aux noms de ses trois fils aînés, sans doute pour leur valoir dot. Antoine Giroust, à défaut des carrières d'artiste et de soldat. se trouvait donc investi d'un tiers de ce domaine. Le second

---

[1] Le couvent des *Minimes* de Serres, d'un ordre religieux institué comme diminutif de l'Ordre mendiant de saint François d'Assise, les Franciscains, avait été fondé en l'année 1588 par Jean de Lenoncourt, seigneur de Serres, avec école gratuite « affin que la jeunesse de ce lieu et autres proches d'icelluy puissent être catechisez et enseignez en la foi et crainte de Dieu et instruits des lettres et premiers fondemens de grammaire, pour être renduz capables d'aller au collége du Pont-à-Mousson ou autre part que bon leur semblera pour servir tant à l'Eglise qu'à la République. » Cette fondation comportait douze religieux, mais le nombre en avait bien diminué au siècle dernier. (Henri Lepage, *les Communes de la Meurthe,* Nancy, 1854, t. II, p. 256). Deux ou trois religieux seulement restaient à Serres lors de la vente : Giroust leur resta attaché.

fils, *Louis*, plus jeune de quatre ans (il était né le 5 août 1757), était sous les drapeaux. Le troisième, *Charles*, né le 13 avril 1759, s'était préparé à la vie agricole auprès de son père : l'exploitation de Serres lui fut confiée. Mais bientôt la santé délicate de Louis Giroust se trouva compromise par les fatigues militaires ; son jeune frère Charles, plus robuste, se dévoua : le remplaçant dans les rangs, il lui remit la culture du domaine commun. C'est alors qu'Antoine Giroust, après un court passage à Mitry, se confina, ignoré, dans la retraite de Serres.

Les trois frères consacrèrent leur communauté d'intérêts par un acte de société (Guibal, notaire à Lunéville, 23 mai 1793). Mesure vaine : un an après, au début de la campagne de 1794, Charles Giroust disparut à l'armée ; Louis Giroust ne profita pas du dévouement fraternel, il mourut lui-même à Serres, d'une chute de cheval, au mois d'août 1795.

Cette période de deux années comprenait le règne de la Terreur, les journées de thermidor et les premiers temps d'un lent et difficile apaisement. Giroust vit en artiste attristé l'abaissement, puis la destruction de l'Académie, dénoncée comme « le dernier refuge de toutes les aristocraties » (8 août 1793) ; bientôt il vit la *Commune des Arts*, qui lui succédait, accusée à son tour de recueillir les débris de cette aristocratie, se transformer, épurée, en *Société populaire et républicaine des Arts ;* là se formaient les théories d'un art social que la pratique ne réalisa jamais, là furent portées les dénonciations contre les artistes vivant à l'étranger : le martyrologe de l'art entre l'exil et l'échafaud serait long ; l'époque qui décréta la formation du Muséum laissait sortir de France des richesses inouïes ; en Lorraine comme ailleurs, on allumait des auto-da-fé d'objets d'art. [1]

Dans le désarroi de son existence, Giroust reprit de temps à autre sa palette ou ses crayons : peut-on les quitter tout à fait ? Il fit quelques portraits, occupation convenable, plus que les œuvres d'imagination, aux heures de défaillance.

Dans son propre portrait, il dépeignit l'état de son

[1] A Nancy, en quelques heures, il est brûlé pour 100,000 écus de tableaux ! (De Goncourt, *La Société française pendant la Révolution*, p. 366).

âme : il ne s'est pas donné pour un peintre, mais pour un laboureur ou jardinier, appuyé sur l'instrument de travail, tenue négligée, col découvert, teint hâlé ; le front, dévasté, semble porter le poids de plus d'années que n'en avait l'artiste ; cette figure expressive est empreinte d'une indéfinissable tristesse, sorte de protestation de la pensée hautaine contre l'accoutrement grossier. [1]

On peut citer, parmi ces légers travaux, les portraits au pastel du Père Charles, le dernier Supérieur des Minimes de Serres, témoignage des bons sentiments et des bonnes relations de Giroust à l'égard des quelques religieux qu'il avait remplacés ; ceux de la sœur du P. Charles, du Frère Minime desservant ; et encore quelques croquis de voisins et amis.

Ainsi, sa propre image travestie, un humble entourage, occupaient seuls la main de l'artiste qui la veille s'élevait en retraçant de grandes figures. Que d'autres contrastes ! au lieu des mouvements de Paris ou du bruit des camps, la plaine silencieuse ; au lieu de conversations brillantes et de conceptions d'art, une morne rusticité ; après les longs espoirs, toute ambition éteinte à quarante ans ; tant d'illusions politiques caressées, et le démenti cruel des actes de la Terreur. A ces tristesses, il faut ajouter un déchirement de famille, né de causes intimes que nous retrouverons, et l'on jugera que Giroust, rélégué de la famille et des arts dans ce Serres lointain, connut véritablement l'exil.

(1) L'original de ce portrait resté au Vivier a été détruit ou pillé pendant l'invasion de 1870 ; une copie avait été donnée à M. l'abbé Rochefort ; elle est revenue à Paris depuis la guerre et se trouve en la possession de Mme M***, l'une des petites-filles de l'artiste.

VIII

L'Institut

Peu à peu les violences s'apaisèrent, la situation politique changea. La répression des factions contraires ayant assuré à la Convention une fin paisible, elle put consacrer ses derniers jours à des mesures réparatrices.

Toutes les Académies étaient supprimées depuis deux ans lorsque la Constitution Directoriale, dite de l'An III, posa le principe : « Il y a pour toute la République un Institut national chargé de recueillir les découvertes, de perfectionner les arts et les sciences ». Le 3 brumaire an IV (23 octobre 1795), le décret organique de l'instruction publique fonda l'Institut. Deux jours après, la Convention termina son orageuse carrière, et le Directoire resta chargé de l'exécution.

Giroust allait être appelé à faire partie de ce premier Institut. Qu'était cette organisation unitaire ?

On en a dit : « La réunion de toutes les puissances de la pensée humaine dans une famille fortement unie est une de ces grandes idées qui honorent un siècle, un peuple. C'est, par excellence, une conception philosophique. Mirabeau avait entrevu cette encyclopédie vivante, Talleyrand et Condorcet l'avaient décrite, la Convention l'a organisée, en l'exagérant suivant sa coutume. »[1]

Ce corps unique était commun à toute la France, établi à Paris, composé par égales moitiés de membres résidents en cette ville et de membres non résidents ; seule institution nationale d'État, sans préjudice aux sociétés académiques libres.

---

[1] Jules Simon, *Une Académie sous le Directoire*, p. 47.

L'Institut était divisé en trois classes (correspondant aux anciennes académies, dont on évitait de prononcer le nom), réparties en 24 sections de douze membres. La troisième classe, « Littérature et Beaux-Arts », comprenait une section de Peinture, à côté de sections de Sculpture, d'Architecture et aussi de Poésie, Musique, Déclamation ; l'ancienne Académie Française y était absorbée.

Concours de tous les membres, quelle que soit leur classe, aux œuvres dont l'Institut est chargé ; un seul mode d'élection, par le suffrage de tous ; droits égaux dans les deux ordres, résidents et non résidents. Cette théorie de l'unité des fonctions et des aptitudes était chimérique ; une première dérogation lui fut infligée par le règlement même, lorsqu'il attribua aux trois seules sections de peinture, sculpture et architecture le choix au concours des artistes qui, chaque année, seraient envoyés à l'École de Rome, mais, il est vrai, pour les présenter à l'Institut, qui, seul, avait le droit de les présenter au Directoire.

Un arrêté des Directeurs avait nommé les quarante-huit premiers membres formant le noyau de l'Institut ou Tiers électeur ; pour la section de peinture étaient désignés : Louis David, Van Spaendouck, le peintre de fleurs ; ce tiers devait en nommer un second, et les deux tiers réunis le troisième.

Les quatre autres peintres résidents furent : Vien, Vincent, Regnault, Taunay paysagiste.

Les six membres non résidents, répartis sur les points les plus opposés du territoire, furent : Lacour, à Bordeaux ; Lens aîné, à Bruxelles ; Bardin, à Orléans ; Forty, à Marseille ; Prudhon, près Dijon ; *Giroust*, près Lunéville.

L'Institut au grand complet tint la première de ses séances publiques au Louvre, dans la salle des Cariatides, le 15 germinal an IV (4 avril 1796) ; séance surchargée. La troisième classe y apporta, par sa section de poésie, d'agréables intermèdes, des morceaux de Lebrun-Pindare, Chénier, Ducis, Fontanes, Colin d'Harleville, surtout des héroïdes et hymnes patriotiques ; Molé, Manuel, Préville, de la Comédie-Française et de la section de déclamation, faisaient les lectures ; « quant aux peintres, sculpteurs, architectes, musiciens, qui n'ont pas coutume de se servir de la langue parlée pour exprimer leurs idées et qui étaient presque des personnages muets, on se les montrait avec admiration ». Nous sommes fixé sur le rôle de Giroust à cette séance solennelle, s'il quitta Serres pour y assister.

Dans la période de l'an IV à l'an VIII, de 1795 à 1800, les tristesses de l'époque précédente firent place à une sorte d'ivresse de liberté : les luttes des partis contraires, contenues alternativement par le Directoire, aiguisaient les esprits sans éveiller les mêmes craintes ; on vit renaître, plus fortes et plus épurées, toutes les espérances de 1789.

Ce réveil des idées générales, le stimulant de son élection à l'Institut national comme membre non résident, si honorifique que fût ce titre, selon toute apparence, purent ranimer le courage de Giroust, mais ne suffirent pas à le rendre à la vie de l'art, à ses luttes de travail ; c'est que dans le même temps, par la mort de son frère Louis, il se trouva plus étroitement attaché à l'exploitation agricole de Serres ; s'il reprit quelque peu ses pinceaux, son titre même écartait l'idée d'un prochain retour à Paris, véritable théâtre de l'émulation artistique.

Là, les fêtes se succédaient, dans l'enthousiasme des victoires de la République, et semblaient devoir imprimer aux Arts un nouvel élan. La France s'enrichissait des chefs-d'œuvre de l'Italie, après ceux des Pays-Bas : la fête de thermidor an VI, écartant les souvenirs funestes, fut consacrée à l'entrée dans Paris des trésors d'art et de science conquis : une longue file de chariots allégoriques, divisés en quatre sections, livres et objets précieux, animaux et plantes exotiques, tableaux, statues, parcourut les quais, entourée de cortèges, parmi lesquels quatre groupes de membres de l'Institut mêlés à des savants et des artistes. « Ce défilé triomphant semblait promettre à la France l'héritage de Rome et d'Athènes ! et l'on ignorait qu'à la même heure, sur les pas du vainqueur de l'Italie, d'autres de nos savants et de nos artistes, dévoilant l'Égypte, reculaient les limites de cette antiquité offerte à l'admiration sous toutes les formes. » Giroust quitta-t-il sa retraite pour se joindre à ses collègues, pour faire honneur à ces chefs-d'œuvres étudiés et aimés dans sa jeunesse ? On doit le croire ; mais il put bien être de ceux qui pensaient que, pour éveiller le goût, de telles œuvres doivent être rencontrées sous le ciel qui les a vu produire.

. . . .

. . . .

Une grande incertitude règne sur les travaux de Giroust en Lorraine, qui peuvent être attribués à cette période : signalons ceux échappés à l'oubli.

D'abord, une composition de petites dimensions (73 centimètres de hauteur sur 55 centimètres), variante du *Saint François d'Assise*, exposé au Salon de 1787. Le saint est à genoux, avec quelques modifications dans la pose et l'expression ; il traduit l'extase, plutôt que le renoncement, livré à la contemplation d'un Christ qu'il tient de la main gauche ; le bras droit, levé, marque l'admiration, et la main laisse voir un stigmate ; la tête est auréolée, pleine de sérénité et de hautes pensées ; on voit à droite un bout de l'aile de feu du séraphin, vision célèbre de saint François ; à gauche, une éclaircie du ciel contraste avec les ombres, qui font ressortir la scène ; le dessin, la couleur sont d'un maître. En considérant que Giroust était alors dans la maturité de l'âge et du talent, qu'il s'étudiait à améliorer une œuvre où il avait déjà montré, au dire de la critique, son savoir pratique et ses qualités d'expression, on ne sera pas surpris qu'il ait produit, dans cette seconde épreuve, un ouvrage de grand mérite.

Giroust fit aussi la réduction d'une de ses œuvres préférées, sa *Sainte Thérèse* exposée au Salon de 1789. Cette toile aurait été donnée à la chapelle Notre-Dame-de-Bon-Secours de Nancy, monument curieux par les élégances les plus caractérisées du style maniéré ; elle ne s'y trouve plus. La perte de l'original à la cathédrale de Boulogne-sur-Mer rend plus fâcheuse la perte de cette reproduction.

On a encore attribué à notre artiste, à raison des mêmes délicatesses de rendu et d'expression, une petite toile représentant un saint ravi en extase à l'audition d'un concert céleste exécuté par des anges ; et, plus certainement, deux dessins à la sépia, *la Sagesse* et *la Religion*, deux études d'après l'antique ; dans la première, une femme montre le Ciel à un enfant ; dans la seconde, une femme brûle de l'encens sur un autel d'offrandes ; on peut y reconnaître des réminiscences de précédents ouvrages. (1)

Est-ce à dire que d'autres travaux de Giroust, peut-être plus importants, ne soient pas restés inconnus en Lorraine ? On pensera facilement le contraire : les soins de la culture de Serres furent en bonne partie remis à un auxiliaire, qui devint un ami, M. Rochefort ; Giroust plus libre fréquentait, dans son voisinage immédiat, Lunéville, la sévère résidence des anciens ducs, et, à peu de distance, Nancy, la capitale de Stanislas Leczinski, brillante encore de la jeunesse de ses créations : l'art se manifestait assez pour provoquer au travail dans une province qui se fait gloire d'une école nombreuse et originale. Le voile de l'anonyme cache sans doute plus d'une de ces œuvres dans les Musées, les Églises, les demeures privées. (2)

. . . .

. . . .

. . . .

Une nouvelle période politique s'ouvrit. Le pouvoir des Directeurs, épuisé par une succession de coups d'État et de faiblesses, s'effaçait devant la gloire militaire de Bonaparte. La chute de ce gouvernement au 18 brumaire an VIII (10 novembre 1799), fut acceptée sans regrets par bien des esprits modérés, qui se laissaient facilement séduire à l'illusion renaissante d'une sage liberté, sous la direction républicaine et victorieuse d'un chef qui avait donné des gages à la Révolution.

Quel caractère, mieux que celui de Giroust, pouvait céder à ces espérances ? Au printemps de l'année 1800, il voulut revoir Paris ; il put constater à quel point la faveur publique s'attachait aux premiers actes du Consulat, à sa fortune militaire.

L'art lui offrait un spectacle non moins intéressant : revenu de ses égarements politiques, David avait préparé,

---

(1) Ces ouvrages ont appartenu : les premiers à l'un des fils de M. Rochefort. M. l'abbé Rochefort, curé de Rozières-aux-Salines, décédé chanoine de Bon-Secours de Nancy en 1880 (le Saint-François est passé en la possession d'une de ses nièces, Mme M***, à Serres) ; les derniers à la famille B***, de Serres.

(2) Au Musée-Bibliothèque de Lunéville, un bon portrait anonyme d'une bourgeoise de cette cité, en costume du Directoire, nous a rappelé le style de Giroust dans la *Leçon de Harpe* : un peintre Lorrain de cette époque serait-il inconnu ?

dans un travail mystérieux de cinq années, l'éclatante manifestation d'un style nouveau, *le grec pur;* il avait ouvert, le
21 décembre 1799, l'exposition payante de son grand tableau
les Sabines, au Louvre. Un rival, Regnault, l'avait imité
avec moins de succès ; dans son atelier du Louvre, il
présentait trois toiles : *Hercule délivrant Alceste, la Mort
de Cléopâtre, les Trois Grâces.* D'autres tentatives encore
dans ce mode de publicité, dérogeant aux anciennes règles.

David avait été prompt à s'écrier, dès le premier retour
d'Italie, « Bonaparte est mon héros » ; enthousiasme bien
vif pour son passé. « Si rigide républicain en théorie, et
toujours allant au devant du pouvoir, quelque absolu qu'il
fût », il y a quelques raisons de croire que tout en refusant
le titre de Peintre du Gouvernement, que Bonaparte lui
décerna le 7 février 1800, il n'aurait pas été éloigné d'accepter
les fonctions de surintendant général des arts en France ; il
avait laissé percer, à cet égard, des espérances qui ne furent
pas bien accueillies par le chef de l'État. (Delécluze, *David,
son École et son Temps).*

Giroust, qui rétablit ses relations amicales, n'avait pas
d'excès à effacer : il se rallia plus modérément. A la fin du
mois de mai 1800, au moment de la réorganisation des
administrations municipales, nous le trouvons investi des
fonctions de maire de sa commune, Serres. L'affection des
habitants, autant que sa situation dominante, le désignait
pour ce poste ; il devait l'occuper jusqu'en l'an XIII, c'est-
à-dire pendant la durée du Consulat ; il a laissé, chez les
anciens de la commune, le souvenir traditionnel de sa bonté,
de sa justice et d'une grande modération qui aidèrent aux
mesures réparatrices, parmi elles le rétablissement du culte.

Le retour de Giroust à Paris avait eu un autre mobile,
un devoir de famille, au sujet duquel nous devons entrer
brièvement dans son intimité. Lorsqu'après la mort de son
frère *Louis,* il s'était trouvé seul à Serres, sa solitude avait été
partagée par une jeune femme, liaison irrégulière au début,
dans une heure de confusion sociale, le culte aboli. Il avait
rencontré dans quelques réunions du Palais-Royal *Françoise
Dieu,* dont la mère remplissait un emploi de confiance auprès
de la duchesse de Chartres ; il l'avait retrouvée orpheline et
sans appui au plus fort de la Terreur, alors âgée de vingt-

cinq ans. La bonté et un dévouement modeste qui ne devait
jamais se démentir, formèrent ces liens; mais cette compagne,
nature douce et aimable, était peu apte à relever l'esprit et
les ambitions de l'artiste découragé; elle garda toujours
quelque empreinte de l'insouciance enjouée de l'époque qui
l'avait vu grandir, les débuts du règne; elle en évoquait
volontiers, dans sa vieillesse, les souvenirs [1]. Les père et
mère d'Antoine Giroust avaient condamné avec sévérité la
situation prise par leur fils, l'avaient tenu à l'écart : des temps
meilleurs arrivés, il avait espéré les désarmer, leur amenant
sa jeune fille, Caroline, âgée de quatre ans (elle était née à
Serres le 15 avril 1796) : la gentillesse de l'enfant eut raison
des sévérités. La réconciliation fut complète : le mariage fut
contracté le 10 fructidor an VIII (1er septembre 1800), à la
municipalité d'Einville, chef-lieu administratif de Serres;
Mme Giroust vint séjourner quelque temps à Mitry. [2]

Giroust partagea dès lors sa vie entre sa famille, quelques
relations rétablies à Paris et ses occupations de Lorraine.

Dans cette patriotique province, non loin des frontières,
les événements de guerre avaient un vif écho : la victoire de
Hohenlinden, après celle de Marengo, dut être chaudement
saluée par le soldat de Jemmapes. A Lunéville s'ouvrirent
les négociations avec l'Autriche pour la fin de neuf années
de guerres; la paix fut signée le 17 ventôse an IX, dans le
vieux château ducal, imitation de Versailles, décoré de
tableaux et d'objets d'art envoyés de Paris : ce brillant traité

(1) Notre jeunesse aimait lui entendre raconter qu'elle avait pris bonne part,
enfant, aux distributions de friandises faites par Jean-Jacques Rousseau dans le
Jardin du Palais-Royal.

(2) Acte de mariage : « Du dixième jour du mois de fructidor, an huit de la République Française. Acte de mariage de Jean-Antoine-Théodore Giroust, âgé de
quarante-sept ans, né à Bussy-Saint-Georges, arrondissement de Meaux, département
de Seine-et-Marne, le *onze* novembre mil sept cent cinquante-trois, propriétaire,
demeurant à Serres, département de la Meurthe, fils de, etc. . . . . Et de Françoise-
Nicole Dieu, âgée de trente ans, née à Versailles le huit juin mil sept cent soixante-
dix, fille majeure de François de *Paul* Dieu et d'Angélique Bontemps, tous deux
décédés, le premier à Versailles, et l'autre à Paris . . . .
. . . .
En présence d'Etienne-Théodore Giroust, âgé de trente-six ans, négociant, demeurant à Paris, (*rue de la Verrerie, n° 60*), frère de l'époux, de Sigisbert Chartes,
pensionnaire de l'Etat, âgé de cinquante ans, demeurant à Serres, ami de l'époux
(*évidemment l'ex-Père Minime Charles*), de Nicolas Bertrand, menuisier, âgé de
trente-deux ans, demeurant audit Serres, et de Jean-Nicolas Masson, vigneron, âgé de
quarante-quatre ans, demeurant audit Serres, tous amis des époux.

Après quoi, moi François Decrion, maire d'Einville, etc. . . . »

réunissait à la France la rive gauche du Rhin, inéluctable ambition, comme ligne de défense, de la Gaule de tous les âges. Giroust avait qualité pour se mêler aux solennités qui, près de sa résidence, consacrèrent cet événement : assurément il acclama la conquête pour laquelle il avait combattu.

Tout semblait annoncer une longue ère de calme et de prospérité, favorable au développement des arts. Le feu sacré se ralluma chez notre peintre ; il se prépara à reparaître aux Salons.

Le Salon de l'An X

Pour bien apprécier la part prise par Giroust à l'Exposition de l'an X, il convient de suivre la peinture d'histoire dans ses principales manifestations depuis l'ouverture de l'ère républicaine.

On ne doit pas faire honneur à cette période de pages préparées dès l'époque précédente, produites aux Salons soit par de rares académiciens à mesure de leur rentrée dans leurs ateliers, soit par les derniers élèves de l'École de Rome détruite, Fabre, Gauffier, Girodet : ces travaux émanaient de l'esprit de réforme entré dans l'Académie avant 1791 : tel l'*Endymion* de Girodet (1793), conception brillante et délicate, servie par un dessin sévère.

L'École de la Révolution est celle qui avait triomphé avec les *Horaces* et le *Brutus*, l'archaïsme, devenu dogme politique. Son œuvre ne fut plus guère que l'expression des passions révolutionnaires sous le manteau d'une antiquité de convention. L'esthétique bizarre du Jury des Arts, dans le concours ouvert en l'an II, avait à peine trouvé à décerner un encouragement au jeune Harriet. Lethière, Topino-Lebrun, Gauthérot, caressaient l'opinion avec d'âpres tableaux, *Brutus* et *Virginius*, *les Gracques* et *Marius;* le dernier et le plus grand succès de cette école fut pour Hennequin, avec les *Remords d'Oreste* (1800), scène d'une violence ridicule.

L'allégorie renaissait. Que Regnault peigne *la Liberté ou la Mort* (1794), cela n'ajoute rien à sa gloire; *l'Homme délivré de l'Esclavage* (1800) n'illustre pas Bonvoisin; *Le 18 Brumaire* (an IX, à Versailles) ne ranime pas le talent éteint de Callet. Un indépendant, Prudhon, tente plus heureusement l'idéal avec *la Sagesse ramenant la Liberté*, (an VII, au Louvre), timide encore dans la recherche de formes et de grâces qu'il s'appropriera, un rêve de la Grèce voilée.

Deux noms nouveaux, que la tradition académique n'a pas à répudier, brillent au début et à la fin de cette période.

Gérard, dont la jeunesse difficile a traversé les ateliers de Pajou, Brenet, David, réunit tous les suffrages, en 1795, sur son *Bélisaire rapportant son guide piqué par un serpent*, poétique figure, composition réfléchie et tranquille, où sous un souvenir adouci de l'antiquité on sent l'intelligence pénétrante du jeune artiste servie par un goût délicat ; et involontairement notre pensée se reporte sur le caractère et les qualités d'un ami du peintre, d'Antoine Giroust : si Gérard tenait de son maître le respect rigoureux de la forme, n'avait-il pas pu trouver dans les entretiens et dans les conseils de cet ami, autant qu'en lui-même, la sincérité du sentiment et la tendresse de l'expression. L'année suivante, il donne *Psyché et l'Amour*, pure et audacieuse analyse de sentiment ; *Portrait d'Isabey et sa Fille*, chef-d'œuvre de naturel inspiré par la reconnaissance.

Guérin, élève de Regnault, débute au Salon de 1799 avec un éclatant succès, auquel l'allusion politique contribue, par son *Marcus Sextus rentrant de l'exil dans ses foyers*, composition étudiée en vue d'un effet saisissant, dessin sévère sans dureté.

Que faisait cependant David ? Au plus fort de la crise révolutionnaire, il n'avait repris ses pinceaux que pour peindre, dans une fièvre de patriotisme, avec un naturel puissant et une manière nouvelle : *la Mort de Lepelletier*, tableau enmuré, dit-on, à Saint-Fargeau ; *Marat assassiné*, triste idole, chef-d'œuvre de réalité, mais avec transformation de la laideur ; *le Jeune Barra*, resté à l'état d'esquisse, d'une grâce infinie (au Musée d'Avignon). Rendu à la liberté et à l'art, il était revenu à ses théories, l'étude de l'antique, délaissant le genre romain pour les études d'un archaïsme plus raffiné, *les Sabines*. « Les critiques ne furent pas épargnées à David, a dit son historien Delécluze, par ceux des artistes qui, à raison de leur âge, de leurs opinions politiques, et de leur attachement à l'institution et aux doctrines de l'ancienne

Académie, détruite par la Révolution, blâmaient de bonne foi ce nouveau mode de l'art de la peinture. »

Ainsi, au début du siècle, le passé avait encore ses partisans : dans l'Institut même, Vincent, Regnault, qui professaient ; Lens, Lacour, Bardin, membres non résidents, n'étaient-ils pas d'anciens chefs d'Académie ? En opposition, les dominateurs des dix dernières années, un chef obéi. Les Salons de l'an VIII et de l'an IX furent appauvris par l'innovation des expositions particulières ; cependant ils ajoutèrent quelques noms aux espoirs de la nouvelle génération : Garnier, *la Famille de Priam*, composition noble et d'un coloris heureux ; Meynier, *Télémaque quittant la nymphe Épicharis*, œuvre pleine de grâce.

Mais d'autres temps s'annonçaient : l'art allait servir d'autres idées que celles de la Révolution. Déjà le premier Consul, saisissant une actualité, la vogue des mythologies du Nord, avait mis aux prises sur ces sujets nouveaux Girodet, revenu à ses pinceaux, et Gérard : Girodet fit, dans le style vaporeux de son *Endymion*, *les Mânes des héros Français reçus par Fingal*. Sous ces voiles, Bonaparte retrouvait ses compagnons d'armes ! L'artiste comprit un peu tard qu'une seule personnalité, très réelle, faisait appel à son talent. Gérard débuta avec plus de faveur par son *Général Murat*, et surtout son gracieux *Portrait de Madame Bonaparte*. Le jeune Gros, protégé en Italie par Bonaparte, mêlé à son état-major, recueillant des œuvres d'art pour la France, avait retracé la figure de son héros au pont d'Arcole : au Salon de l'an IX, on goûta cette peinture expressive et facile qui, sans prétendre réformer, allait porter des coups funestes aux méthodes sévères. De son côté, David exécutait son *Bonaparte franchissant les Alpes*, calme sur un cheval fougueux, comme l'avait demandé le modèle. Bientôt, sur son conseil aussi, l'ardent républicain délaissait les études d'un nouvel ouvrage, *Léonidas et ses Spartiates*, « des Vaincus. »

Le commencement de l'année 1802 favorisa ce mouvement vers l'histoire contemporaine par un concours ouvert sur le *Combat de Nazareth ;* l'esquisse de Gros l'emporta, mais comme Junot en était le principal personnage, l'exécution du tableau ne fut pas jugée nécessaire par le Premier Consul.

L'influence de la politique sur l'art se faisait donc encore une fois sentir, et notre artiste était de ceux qui ne pouvaient y rester insensibles. Deux années écoulées, la paix continentale provisoirement assurée, Bonaparte donna libre carrière à ses projets ambitieux : le Consulat à vie provoqué, blébiscité, avait été proclamé, et le 15 août 1802, anniversaire de sa naissance, tous les corps constitués avaient félicité Bonaparte aux Tuileries. Nous doutons que Giroust se soit joint à l'Institut en cette circonstance ; il était de ces esprits clairvoyants pour qui une telle atteinte portée à la Constitution de la République, ne pouvait manquer d'en présager de plus graves ; « les Français étaient prêts à se soumettre avec joie à tout gouvernement qui, leur garantissant le repos, eût été assez prudent pour ne leur ravir que cette portion de liberté dont ils n'étaient pas capables de sentir ou de regretter la perte » [1] ; mais, au contraire, le caractère despotique du nouveau maître, chaque jour manifesté, éveillait déjà dans tous les partis des soupçons ou des inquiétudes.

Comme prélude à ces dispositions absolues du pouvoir, on annonçait des changements dans la constitution de l'Institut : il s'agissait d'une subordination mieux assurée, de l'élimination des « idéologues ». Ces changements étaient en effet imminents.

Telle était la situation de l'art, tel l'état général des choses, quand le Salon de l'an X ouvrit, le 15 fructidor (6 septembre 1802) : diminué comme les précédents par les expositions particulières, il offrait cependant en concurrence des œuvres de tendances bien diverses.

Dans le groupe encore attaché aux anciennes doctrines, il faut citer Ménageot, de retour d'un long exil, après avoir refusé les honneurs offerts par l'étranger : son *Méléagre sollicité de prendre les armes pour sa Patrie*, était une noble œuvre, mais déjà exposée en 1791 ; d'ailleurs, *le Pausanias*, au gré du jour, lui eût voulu « un accent plus antique et plus sévère » ; Regnault, Girodet, Gérard, répondant au désir du ministre, avaient aussi présenté de nouveau quelques-uns des ouvrages qui leur avaient fait le plus d'honneur ; puis Peyron, avec une esquisse d'une philosophie chagrine : *Paul-*

<hr>

(1) Fauriel, *les Derniers jours du Consulat*, 1886. Paris, p. 3.

Emile s'indignant de l'humiliation de Persée qu'il a vaincu ;
Giroust, avec deux toiles nouvelles : *Sainte Godelive,
Éponine et Sabinus ;* d'autres noms déjà entrevus, Le Barbier, Perrin, Taillasson, Vignali, autant de manifestations de l'ancien style académique plus ou moins altérées par le genre antique.

Rapproché de ce groupe, Guérin devait un second succès à *Phèdre et Hippolyte,* scène expressive, trop étudiée au théâtre, aux débuts de Mlle Duchesnois.

Dans la voie tracée par David, on signalait des noms nouveaux, Bouchet, Chéry, Gautherot, Moriès, Mme Mongez; dans des genres promis à un grand développement : l'histoire moderne en tableaux de chevalet, Richard *(Valentine de Milan);* les scènes de bataille, Lejeune, Sweback.

Quant à Gros, il donnait, comme un regret aux œuvres d'imagination, *Sapho se précipitant du rocher de Leucade,* que son biographe Delestre reconnaît être « d'un faire timide et parfois à la gêne »; mais il fit paraître, avant la clôture du Salon, *Bonaparte donnant un sabre d'honneur à un Grenadier;* d'ardentes discussions s'élevaient autour de ce talent heurté et irrégulier; les hardiesses du peintre coloriste et improvisateur le désignaient aux jeunes artistes comme un novateur et un futur chef d'école.

Reprenons les deux tableaux de Giroust.

A noter d'abord que son nom est suivi dans le livret d'une qualification exceptionnelle : « membre de la ci-devant Académie »; le titre de membre non résident de l'Institut, aussi bien que le domicile, est omis. Cette évocation de la grande institution renversée, ce silence sur l'étroit cénacle de peintres qui l'avait remplacée, étaient une franche manifestation d'attachement aux anciennes doctrines; les œuvres répondaient à cette annonce : l'une d'elles, un sujet de sainteté, était même un fait nouveau en 1802, le culte à peine accepté après dix ans d'interruption.

Autre particularité : les légendes tristes ou bizarres de ces deux tableaux sont exposées au livret avec une prolixité tout à fait inusitée, unique faudrait-il dire, si le sujet *Éponine et Sabinus,* également traité par le peintre Cramail, ne donnait lieu à une notice aussi étendue sur le même fait. En

présentant des actes de sombre tyrannie dont la légende
étudiée dépassait bien dans ses détails la scène tracée sur la
toile, l'artiste s'était-il inspiré des souvenirs et de la haine
de la Terreur ?

Avait-il eu encore d'autres visées, comme un témoin nous a
donné à le penser ? Déjà revenu d'illusions libérales à l'égard
du nouveau maître, tenant le pinceau pendant ces deux
années d'effacement de l'idée républicaine, il aurait tenté une
vaine protestation contre les despotismes passés ou futurs.

L'une des deux œuvres subsiste, *Sainte Godelive;* l'autre
a péri par le feu, disgrâce trop répétée du peintre : réunis-
sons notices, examen et souvenirs. [1]

Le tableau de *Sainte Godelive* ne met pas en scène le
martyre de la sainte, mais l'acte de charité qui le prépare.
La pieuse jeune femme a descendu secrètement les degrés des
remparts, portant cachées dans sa corbeille à laines quelques
réserves faites sur ses repas : plus bas qu'elle, à droite, est
un groupe de pauvres vus à mi-corps, un vieillard et sa fille,
un père dont les bras tendus élèvent un petit enfant; Godelive
se penche pour déposer dans la robe de ce dernier un morceau de pain. Mais elle a été épiée par sa perfide gardienne,
dénoncée au persécuteur : en arrière à gauche, au détour d'une
rampe, la dénonciatrice, et le farouche époux dessinant un
geste de colère, forment un second groupe, expressif, bien
posé. La martyre de la charité occupe seule le centre du
tableau, figure intéressante entre l'enfance secourue et la
menace barbare. Cette composition sage et bien ordonnée,
œuvre académique, manque absolument de ce qu'on a appelé

---

(1) Livret n° 117. Sainte Godelive.

Godelive, comtesse Flamande, devenue par sa piété odieuse à son mari, et reléguée
par lui dans une maison écartée, sous la garde d'une vieille domestique qui a l'ordre
de la laisser mourir lentement de faim, distribue secrètement aux pauvres la portion
qu'elle réserve chaque jour sur sa chétive nourriture. Cette bonne œuvre est découverte à son époux, qui, dans sa fureur, la fait étrangler par deux de ses serviteurs.

N° 118. Éponine et Sabinus.

Sabinus, Gaulois, secoua le joug des Romains et fut vaincu. Pour se soustraire à
leur vengeance, il mit le feu à une de ses habitations, se cacha dans des souterrains
connus de lui seul, et fit répandre par des affidés le bruit de sa mort. Il apprit bientôt
que la jeune épouse à laquelle il était nouvellement uni, dupe elle-même de cet artifice,
allait succomber à sa douleur, il s'empressa de la désabuser et de lui faire connaître
le lieu de sa retraite. Là, elle se rendait fréquemment dans le plus grand secret, et elle
y devint mère de plusieurs enfants, dont, pour sauver sa réputation et les jours de
son époux, elle céla à tous les yeux la naissance, en accouchant courageusement sans
aucun secours. Neuf ans s'étaient écoulés lorsque ces malheureux époux furent
découverts et conduits à Rome devant l'empereur Vespasien, qui eut la barbarie de
les envoyer tous deux à la mort.

couleur locale : rien de flamand, mais une vague apparence romaine. Le sujet est traité avec autant de délicatesse que de sûreté de dessin, avec un fini qui ne trahit nullement la faiblesse du pinceau, mais indiquerait plutôt un parti-pris contre les tendances du moment vers la peinture large et facile. Le naturel des attitudes, la vérité des draperies s'y retrouvent, qualités familières à Giroust. La couleur est claire, en pleine lumière; les nuances sont heureusement assorties : le pinceau moderne a peut-être d'autres procédés pour la formation des demi-teintes, observation qui atteindrait d'autres œuvres du peintre; mais le sien reste soumis aux anciens principes. Cette fois encore, les personnages sont de petite nature. Les dimensions de la toile, qui est en hauteur, sont de 1^m o5 en ce sens, sur 65 cent. en largeur.

S'il fallait chercher quelque analogie à ce mode de composition, il semble qu'on la trouverait dans le tableau de début de Drouais, *Jésus et la Cananéenne*, aux premières heures de la réforme. L'œuvre d'ailleurs est bien personnelle : on y sent la pensée et la main d'un maître; mais il ne faut pas s'étonner, après ce que nous a appris cette étude, qu'on ait signalé chez l'artiste oublié l'accent de David, de Gérard, et aussi dans tel groupe le souvenir du grand Poussin.

Le tableau *Éponine et Sabinus* présentait une scène plus animée et dramatique. Le moment de l'action est celui où les époux, à l'entrée du souterrain, entendent l'approche des soldats Romains qui les cherchent. Éponine, agenouillée, presse contre son sein un nourrisson, son dernier enfant : la tendresse et la terreur sont imprimées sur son visage, éclairé d'un rayon d'en haut, avec une intensité saisissante. Sabinus, en avant d'elle, armé pour la défense, écoute anxieux les pas des soldats, retenant en arrière sa jeune fille, curieuse : dans l'intérieur du souterrain, un vieux serviteur; dans l'éloignement du bois, les satellites de l'empereur. L'époque de la scène gauloise est peu caractérisée. Les personnages sont de plus grande nature que dans le tableau précédent, les dimensions de cadre plus fortes.

Cette page inspire un véritable sentiment de terreur et de pitié par la vivacité et la sincérité de l'expression, par le grand effet des oppositions d'ombre et de lumière que le sujet comporte : on y rencontre les énergies de couleur de la *Sainte Pétronille* ou de la *Sainte Thérèse.* Tel est le vif souvenir qu'a laissé dans la famille cet ouvrage assez récemment détruit [1]. On peut noter, comme actualité du sujet traité, qu'au commencement de 1802, le concours du prix pécuniaire qui remplaçait le séjour de Rome, avait eu pour sujet *Éponine et Sabinus amenés devant Vespasien*, prix obtenu par Menjaud, élève de Regnault.

La critique contemporaine ne nous a pas renseigné sur l'accueil fait à ces travaux de Giroust.

Landon, peintre qui jugeait comme courriériste ses émules, auteur alors récompensé d'une œuvre modeste, *le Bain de Virginie*, critique prudent, ne parle pas de ces productions dans son recueil périodique les *Nouvelles des Arts.* Cependant, vers le même temps il faisait l'honneur à Giroust de reproduire au trait, avec explications et éloges, son *Martyre des Machabées*, dans le tome V des *Annales du Musée.*

L'Observateur au Muséum ou la *Critique des tableaux en vaudeville*, s'en prend au tableau de Théodore Cramail, élève de Regnault, *Éponine et Sabinus.* « Style sévère, grande correction dans le dessin, » dit-il, et nombre de vers suivent. C'est beaucoup pour un artiste dont le nom n'a été relevé par aucun biographe, en regard du silence gardé, volontairement semble-t-il, sur le nom de Giroust. Cependant les termes de l'éloge convenaient certes aussi bien au tableau de celui-ci et à la nature de son talent. Quant aux couplets du vaudeville malin, on serait tenté de croire qu'ils visent l'ex-académicien sans demeure connue, s'il n'y avait trop de déraison à comparer le souterrain de Sabinus à la retraite de Serres. [2]

---

(1) On reconnaissait dans la jeune fille du tableau les traits de la jeune Caroline, fille du peintre ; et dans le vieux serviteur, le père Pouret le jardinier du Vivier.

(2) Sabinus, époux téméraire,
Seul il fallait braver le sort.
Par toi, ton épouse fut mère,
Deux fois, dans l'antre de la mort.
Ignorais-tu quelle existence
Pouvait t'offrir un souterrain ?
Il ne te restait que la chance
De savoir périr en Romain. *(bis)*

Dix ans et d'opprobre et d'outrage
N'ont pu fléchir ton empereur,
Tandis qu'un instant de courage
Eût fini tout avec honneur.
Ta honteuse et touchante histoire
Apprend à tes derniers neveux
Que quand on renonce à la gloire
On ne peut qu'être malheureux. *(bis)*

Et dans la conclusion :

. . . . . Je vois avec scandale
Bien des faux connaisseurs ;
Comme à la comédie
Ils n'aiment que l'effet ;
On quitte Iphigénie
Par goût pour Nicolet.

. . . . . D'après un rapide aperçu
Je n'ai pu, ni tout, ni bien dire ;
Plus d'un bon tableau que j'ai vu
Vaut qu'on l'examine sans rire ;
Sur certains autres je me tais.
. . . .

En définitive, Giroust eut tort, devant l'opinion publique, de prétendre revenir, après dix années de troubles, aux anciennes méthodes épurées qui avaient signalé l'époque la plus sereine de sa carrière d'artiste ; de douter de la valeur du système d'austérité antique, ou des facilités téméraires de l'ère nouvelle. Cependant ce retour au passé était légitime, à la condition de former pour l'artiste le prélude et le point de départ de nouvelles créations empreintes d'un esprit plus moderne : quelques-uns l'avaient tenté et devaient effacer notre artiste, comme l'a remarqué un biographe. Mais Giroust n'était plus d'âge ni de caractère à modifier ses opinions et son style. Ces deux œuvres seront à peu près les derniers traits de son pinceau, et aussi les seules, dérision du sort, que nommeront longtemps les écrivains d'art.

Sa tentative de remettre en honneur la période de réformation de l'ancienne Académie rencontrait la conscience et le jugement de l'Institut. Dans le dessein qu'avait Bonaparte de dater de son pouvoir, dans les arts comme ailleurs, une ère nouvelle, un arrêté du 12 ventôse an X, avait prescrit à l'Institut national de former un « tableau général de l'art et des progrès des sciences, des lettres et des arts, depuis 1789 jusqu'au 1er vendémiaire an X. » Son interprète, pour les arts, fut Joachim Le Breton, « un rapporteur excellent, plein de bon sens, mettant chaque chose à sa place, avec méthode, précision et sobriété », dit Jules Simon *(Une Académie sous le Directoire)* ; dans une notice lue à la séance publique du 8 vendémiaire an XII, à cette question : « La peinture a-t-elle fait des progrès depuis 1789 jusqu'en l'an X ? » il fut répondu : « La section pense qu'à quelques nuances près, elle reste au même point qu'en 1789. Les mêmes moyens existent, accrus de jeunes talents qui sont déjà célèbres. »

. . . .

. . . .

L'an X avait vu le rétablissement officiel du culte : parmi les esprits ardents à pousser vers cette mesure réparatrice la politique du Premier Consul, se trouvait Mme de Genlis, rentrée de l'émigration, aidée de l'influence acquise par Mme de Montesson, sa belle tante, auprès de Mme Bonaparte. Giroust fit visite à l'ancienne éducatrice des princes d'Orléans, en souvenir des fêtes et des tristesses auxquelles il avait été mêlé. Nous avons supposé que les bons offices de Mme de Genlis avaient pu sauver une œuvre de l'artiste, la *Sainte Pétronille;* mais aucun accommodement ne pouvait s'établir, malgré la sagesse des dernières productions de Giroust, entre sa sincérité un peu rude et une intolérance religieuse trop empreinte de courtisanerie; les souvenirs qu'il évoquait ne pouvaient être qu'importuns à celle qui allait s'essayer au rôle d'Égérie de l'empereur, vaine prétention qui aboutit à quelques leçons d'étiquette; mais l'acrimonie de la moraliste (qu'on a qualifiée irrévérencieusement de nos jours « bavarde de morale », de Goncourt) souleva dans le monde des lettres d'amères récriminations (voir notamment la biographie Michaud); c'est alors qu'écrivant ses mémoires, Mme de Genlis, dans une longue énumération de ses amitiés perdues, accusera M. Mirys « d'avoir fini, comme plusieurs autres, par une grande aversion et beaucoup d'ingratitude ». Giroust, si peu nommé, ne pourrait-il pas bien être au nombre de ces « autres » transfuges ? [1]

Un long éloignement, les changements amenés par la Révolution dans toutes les existences, avaient rompu pour Giroust de fragiles liens de société. Cependant il retrouvait chez Mirys une réunion d'hommes de lettres et d'artistes. Plus rarement il vit David; notons un souvenir de la fille de notre peintre : aux jours de fêtes nationales, elle était conduite par son père chez le Premier-peintre de l'empereur, aux Galeries du Louvre, pour jouir du spectacle des joutes nautiques sur la Seine. La vie de Giroust se renferma de bonne heure dans la famille.

---

[1] *Mémoires.* t. III, p. 267. Cette sortie sert d'ailleurs de prétexte à un long récit où la narratrice, à son avantage propre, affuble Mirys d'un rôle ridicule d'amoureux jaloux, écoutant, caché, des discours adressés, dans le feu de la composition et le silence de la nuit, à des personnages de roman. De Sévelinges *(Madame de Genlis en miniature*, Paris, 1826) dit à ce sujet : « Un ami particulier de feu Miris nous autorise à démentir cette anecdote. Miris était l'un des plus beaux hommes de son temps : il était plus jeune que Mme la gouvernante, et il la respectait beaucoup trop pour se permettre de l'aimer ». Cette note, rapproché de quelques dates citées, peut servir à fixer la date de la naissance de Mirys vers 1748, et à déterminer son âge, comme nous l'avons fait page 4.

X

Dernières années

La réforme de l'Institut fut publiée bien peu de temps après le Salon, le 3 pluviôse an XI (23 janvier 1803). Son unique but n'était pas de supprimer une classe importune, celle des sciences morales et politiques, les *idéologues ;* c'était la reprise du plan des anciennes académies, assurant au pouvoir une influence plus positive encore que celle qui avait été exercée par le roi. Quatre classes y correspondirent aux anciens corps ; le secrétaire perpétuel, conservateur des traditions, fut rétabli pour chacune d'elles ; les membres non résidents perdirent l'égalité de droits et devinrent simples *Correspondants*, occupant la tête de liste de cet ordre. Le nombre des correspondants nationaux ou étrangers dans la section de Peinture fut limité à trente-six membres : la résidence hors Paris restait leur loi. Les six membres résidents de cette section que nous avons nommés demeurèrent seuls investis du titre de membres de l'Institut, avec adjonction de Denon, directeur général des Musées, et Visconti, conservateur des Antiques.

Le titre de Correspondant de l'Institut, sans fonctions ni droits, put paraître à Giroust une diminution de celui de membre non résident, ne l'obligeant plus à rien envers l'art. Le peu de succès de sa tentative académique au dernier Salon accrut son indifférence. Les faits politiques dans les jours qui suivirent n'étaient pas de nature à ramener, comme naguère, la foi et l'émulation chez l'artiste : c'étaient ces « derniers jours du Consulat » dont un contemporain, Fauriel,

19. frimaire au 13. [illegible]

Département
de la
Meurthe

Commune
de
Serres

Renvoyé au
Maire de la
Commune de
Serres, pour de
sa part, inviter
de nouveau les
Marguilliers à
procéder à la
Location des
places des bancs
de l'église
paroissiale, de
dont ils devront
rendre compte
dans le délai de
quinze jours;
s'ils rencontraient
à cet égard
quelqu'obstacle
ils en référeront
au Sous-préfet,
pour ensuite
être statué ce
que de droit.
Lunéville le
3 pluviôse de
l'an 13.
Le Sous-préfet
par intérim
[signature]

Communiqué
aux Membres
de la fabrique.

À Monsieur Le Préfet

Monsieur,

Sur les [illegible] qui vous ont été adressées
contre [illegible] de la commune à son refus de disposer
des Revenus de la Commune pour des Objets
de [illegible].

Le Maire de cette [ville] vous observe

1°. Que la Commune n'a dans ce moment et même depuis
près d'un an aucun fonds disponible, parceque l'extérieur
actif pour l'année a été plus qu'absorbé par les avances
faites pour soutenir le procès important contre la d[ame]
veuve [illegible].

2°. Que s'il en eut existé, le Maire aurait sollicité votre
autorisation à l'effet de les employer à des Objets de
première et indispensable Nécessité tels que les réparations
de la toiture de l'église et du pont de l'intérieur
de la Commune qui menacent ruine.

3°. Que dans tous les cas, le Maire ne pouvant disposer
des Revenus de la Commune sans y être autorisé, la
fabrique ni même [illegible] devait remplir les formes prescri-
tes et justifier d'abord de l'usage qu'elle aurait dû
faire des diverses Ressources qu'elle avait entre les
mains telles que la location des bancs.

4°. Qu'il en [illegible] qu'elle n'a usé d'aucun de ces
moyens [illegible] pour louer les bancs de l'église
ont été jusqu'ici infructueux.

En [illegible], le Maire vous prie, Monsieur le
Préfet, d'enjoindre à la fabrique intérieure de proie
des de s'interdire la location desdits bancs
en indiquant soit à la fabrique soit au Maire le
mode à employer pour y parvenir.
Le Maire [signature]

Intérieure, qui
sont invités à
procéder de nouveau
à la location des Places Des
bancs de l'Église Paroissiale,
conformément à ce qui est
prescrit à cet égard, par
la réponse du Sous-Préfet
en date du 3 Floréal an 13.

à ..... le 24 Floréal
an 13.   .. l'...Maire.

a retracé les angoisses patriotiques avec une plume rigide ; l'an XI, troublé de conspirations réelles ou supposées, vit le refoulement de tout principe de liberté. L'Empire héréditaire fut proclamé le 18 mai 1804.

Giroust résida encore habituellement en Lorraine, où nous le voyons exercer ses fonctions de maire jusqu'en l'an XIII (1805) ; nous rencontrons en pluviôse une correspondance administrative, concernant le culte, rare autographe que nous reproduisons ; et, le 13 floréal, un dernier acte d'état civil dressé. A partir de ce moment, M. Rochefort le suppléa comme adjoint, mais il ne prit le titre de maire qu'au 28 août 1808.

Un bon portrait à l'huile de cet auxiliaire et ami, conservé par ses descendants (Mme M***, à Serres), peut être classé parmi les derniers travaux de Giroust.

Il faut y ajouter le portrait de Louis Leclerc, préfet de Bar-sur-Arnain (Bar-le-Duc), chez qui le peintre trouvait l'hospitalité, à mi-chemin de ses voyages entre la Lorraine et Mitry : Louis Leclerc, qui occupa cette préfecture de 1804 à 1812, était l'un des frères du général Victor-Emmanuel Leclerc, qui avait épousé Elisa Bonaparte pendant la première campagne d'Italie ; ces rapports témoignent que Giroust s'était rapproché du Consulat sans répudier une nuance républicaine assez marquée qui se conservait dans la famille Leclerc. [1]

Rien n'appelait plus Giroust à poursuivre ses travaux : sa carrière de peintre était terminée, mais on ne peut douter que sa pensée inquiète se soit attachée jusqu'à son dernier jour à l'art et à ses destinées. Nous les suivrons brièvement.

L'art était considéré par le pouvoir comme un instrument de règne, suite des théories révolutionnaires. La faveur s'acquérait uniquement à retracer les faits contemporains qui intéressaient la gloire du maître. Le talent de David s'y était heureusement plié, dans une nouvelle manière, pour donner à l'histoire la scène du *Couronnement*, superbe galerie de portraits : le titre de Premier Peintre de l'Empereur consacrait sa mission, toutefois sans les attributions enviées

---

[1] Louis Leclerc fut remplacé à la préfecture de Bar, en 1812, par le comte de Saint-Aulaire, chambellan. Un frère aîné, Leclerc des Essarts, fut général ; une sœur épousa le général Friant, une autre le maréchal Davoust. Famille Pontoisienne.

de Le Brun. Mais en même temps la réputation de Gros, qui le premier avait porté atteinte aux doctrines sévères, montait à son apogée : il avait donné *la Peste de Jaffa*, *la Bataille d'Aboukir*.

En 1807, Napoléon revint à la pensée d'un rapport solennel de l'Institut qui établirait, à l'avantage de son règne, l'état des beaux-arts en France depuis 1789 ; près de vingt années cette fois étaient évoquées. Le Breton, secrétaire perpétuel pour la quatrième classe, présentant son rapport en séance du Conseil d'État le 5 mars 1808, disait dans son discours à l'empereur : « A l'époque de 1789, les Beaux-Arts avaient parcouru en France leur carrière tout entière, la France était rentrée dans l'antique héritage des Beaux-Arts que lui avait transmis François Ier. » Son rapport énumère dans un tableau rapide diverses *époques* de la peinture française ; arrivant à ce qu'il appelle l'époque de M. Vien, de régénération, il donne une sorte de classification qui motiverait des réserves ; il cite quelques œuvres de Vincent, Ménageot, David « une grande supériorité de dessin forme la principale qualité de ce chef d'école », Suvée, Regnault ; puis il nomme comme s'étant distingués « à des degrés divers », Peyron, les Lagrenée, Barthélemy, Perrin, Saint-Ours, Lacour ; enfin il dit : « MM. Callet, *Giroust*, Le Monnier, Le Barbier, Robin, avaient été reçus de l'Académie et auraient été, ailleurs qu'en France à cette époque, au premier rang ». Des éloges réservés donnés à quelques œuvres *d'époques* postérieures, de très vifs à Gérard, n'empêchent pas cette conclusion : « Les années révolues depuis 1789 ont seulement ajouté aux résultats acquis *l'espoir de nouvelles gloires* ». Napoléon attendait une toute autre appréciation des premiers fastes de son règne ; mais la classe des Beaux-Arts, cadre étroit d'une petite académie, était restée, malgré David qui s'en tenait éloigné, la place forte des anciennes traditions.

Après cet hommage, on peut s'étonner du discrédit où étaient tombés les artistes formés pendant cette régénération. C'est que la critique était acquise aux nouveautés : elle accueille les œuvres des académiciens avec une estime de commande de plus en plus dédaigneuse : dès 1806, le *Pausanias Français* (Chaussard) reproche à ces anciens maîtres « des pratiques routinières…, trop de confiance dans leurs propres forces, ce qui les empêche de se trouver au niveau des connaissances nouvelles »; les artistes fidèles aux anciennes méthodes étaient appelés avec ironie *Vincentistes*. Bientôt on fera une raillerie d'un mot qui devrait être une louange : « Cela est Français ». Le dernier historien de David raconte qu'il désespérait avec cette raillerie, sans l'expliquer, un de ses élèves (Couder), lui faisant attendre, de longues semaines, un « enfin, c'est Italien ! »

Cependant, quand mourut Vien, le 27 mars 1809, à l'âge de 93 ans, l'Institut, appelé pour la première fois à élire un membre de la classe des Beaux-Arts, désigna, entre beaucoup de concurrents, le représentant le plus avéré de l'ancienne Académie, Ménageot.

En 1810, une grande et ambitieuse pensée fit instituer les prix décennaux qui devaient être décernés périodiquement « pour l'encouragement des Sciences, des Lettres et des Arts. » Un grand prix de peinture était attribué à « la représentation d'un sujet honorable pour le caractère national », en d'autres termes, un fait contemporain : un décret postérieur créa un autre prix pour les « tableaux d'histoire ». Le Jury, composé des présidents et secrétaires des classes de l'Institut, désigna pour le prix de peinture d'histoire la *Scène du Déluge*, de Girodet, mettant au second plan, avec autres, *les Sabines ;* le tableau du *Couronnement* fut mis au premier rang pour le sujet national. Trouble de ce jugement ou faits de guerre, les prix ne furent pas donnés. Que de surprises eût réservées un second concours décennal avec d'autres novateurs !

Malgré l'éclat de cette manifestation d'art, le nombre des pâles imitateurs du style antique allait croissant, seconde et obscure génération d'artistes formés à l'école de l'archaïsme : on fit de routine et de pratique de froides académies, dans un nu systématique, ou revêtues d'habits de généraux ; d'autres éxagérèrent le laisser-aller du pinceau sans avoir l'excuse de la force facile et de la couleur. C'est après avoir entrevu ces productions qu'Antoine Giroust disait tristement aux siens dans sa retraite : « De notre temps, nous faisions mieux que cela ! » — parfois aussi, il accusait David de l'avoir détourné de l'art pour la politique. Vains regrets, après une abdication. Croyons toutefois que le vieil artiste put pressentir une nouvelle évolution du goût, un sentiment de nature plus sincère, en voyant s'annoncer le talent sévère et énergique de Géricault *(le Chasseur à Cheval*, *le Cuirassier blessé*, brillantes improvisations de jeunesse, Salons de 1812 et 1814).

. . . .

. . . .

Ces pages données à la vie artistique de Giroust, nous rentrerons avec lui dans la famille pour en conserver quelques notes.

Nous avons vu Antoine Giroust quitter, par intervalles, la Lorraine, pour venir auprès de ses père et mère. Ils avaient cédé leur habitation et leur culture du *Vivier* au plus jeune de leurs fils, Maxime, et s'étaient retirés dans une grande maison dite *Saint-Jacques*, à l'extrémité du bourg de Mitry : c'est là que le peintre retrouvait les quatre tableaux qui ramenaient son esprit aux travaux heureux de sa jeunesse; vers la fin de 1804, nous l'avons dit, l'équité paternelle lui en assura l'héritage par une disposition testamentaire, avec le concours d'un vieil ami, M. Mirys, témoin jadis des joies de cette demeure paternelle, que les deux jeunes artistes animaient de leurs relations.

Giroust père est une figure d'ancêtre digne d'intérêt : né en 1718, à Villevaudé-en-France, l'aîné de neuf enfants de Jean Giroust et Geneviève Bloceau (celle-ci fille du Receveur de la terre d'Antony-Verrières), il était demeuré chargé, à l'âge de 32 ans, de la tutelle de six de ses frères et sœurs, début d'un long rôle de chef de famille. Établi à Bussy, receveur de la terre seigneuriale, son union avec Jeanne-Françoise Taveau (du village de Saint-Maixme) avait été prospère, comme en témoignent dix enfants et l'aisance fort accrue. Nous l'avons vu, vers l'âge de 55 ans, se créer une autre existence à la ferme du Vivier : adonné à la vie agricole, il sut réserver une partie de son temps à l'étude, à l'éducation de sa nombreuse famille, ouvrir sa demeure à des amitiés d'artiste, même à un voisinage princier. « Chez nous, le bon air et le bel esprit ont gagné tous les états », disait en ce temps un roturier qui fit bien du bruit et s'anoblit du nom de Beaumarchais. Même velléité de noblesse prit à Giroust père, comme à bien d'autres : c'était un avantage

appréciable pour un possesseur de terres, l'espoir d'un
père [1] : vanité de peu de durée et sans danger pour ses
habitudes de vie simple : homme d'ordre, il avait su se
garder d'entraînements dans une époque de prodigalités [2].
Depuis, il avait traversé la Révolution, prudemment attaché
à des idées modérées, acquéreur même de quelques biens
nationaux ; la présence de ses fils aux armées l'avait protégé.
Maintenant nous le retrouvons vieillard austère, religieux et
porté vers l'idée monarchique, qui sera embrassée par son
fils Maxime jusqu'à la passion ; il est confiné dans des études
qui ont été le délassement de sa vie, aidé d'un secrétaire,
M. Bonneau, fort en faveur auprès des jeunes d'alors.

De sa lignée, deux fils seulement restaient outre Antoine
Giroust : l'un, *Théodore*, né en 1764, avait été établi dans
le commerce de Paris, au vieux quartier de l'Hôtel-de-Ville ;
marié à une Arlésienne de nom noble, double titre de fierté,
il poursuivait d'accord avec elle des visées ambitieuses, non
sans détriment pour la famille. A son associé D... avait été
mariée une sœur aînée, *Suzanne-Blanche*, seule fille qui eût été
élevée : au sortir de la Terreur, et pas très jeune, elle n'avait
pu quitter qu'avec regrets le paisible Vivier pour les abords
tumultueux de la place de Grève ; elle y avait peu vécu,
était morte à la fin de 1801, laissant deux jeunes filles. Nous
avons signalé son portrait au crayon, fait par son frère.

L'autre fils, le plus jeune, *Maxime*, né en 1767, après
des études complètes en vue d'une profession libérale, avait
pris l'exploitation de la ferme du Vivier en épousant sa
cousine germaine, Henriette Giroust, l'une des filles de
Charles Giroust, dit le Jeune, nommé au début de cette
étude.

Giroust père s'éteignit plein de jours, ayant dépassé

---

(1) Un autre mobile, pour Giroust père, fut peut-être l'émulation du fermier évincé
du Vivier, Claude Benoist, qui devint Conseiller du Roi, scelleur en la Grande
Chancellerie de France : ils terminèrent leurs comptes sous leurs titres respectifs.

(2) Il était prêteur du duc de Lauzun à l'heure où l'aimable prodigue, menacé
d'interdit par les siens, satisfit galamment ses créanciers et sa femme par la vente de
quinze cent mille livres de terres, comme il s'est complu à le raconter dans ses
Mémoires ; Giroust dut recouvrer sa créance sur le prix de biens en Bretagne dont
l'acquéreur, le prince de Guémené, complice de dissipations, fit bientôt une faillite
qualifiée « sérénissime » ; il avait pu connaître le duc de Lauzun dans le voisinage de
son frère Charles Giroust, à Hautefontaine, résidence des comtes de Dillon, où les
Mémoires placent le récit d'une longue amitié. *Mémoires de Lauzun*, édit. Barrière,
p. 150 à 155, 71, 214.

l'âge de quatre-vingt-sept ans, le 9 février 1806, en sa maison de Saint-Jacques.

Antoine Giroust ne quitta pas encore définitivement la Lorraine. Mais, vers la fin de 1807, Maxime dut abandonner l'exploitation du Vivier pour prendre la suite de culture d'autres terres de famille, celles de son beau-père à Morte-fontaine [1]. Antoine le remplaça au Vivier, que sa mère était revenue habiter : il avait pu se décharger de la gestion agricole de Serres ; il lui fallut se donner tout entier aux soins de la terre patrimoniale, qui l'asservirent.

Sa femme et trois enfants l'entouraient : il avait eu d'abord en Lorraine sa fille Caroline, dont nous avons dit la naissance, et un fils, Emile-Antoine, né le 20 juillet 1798, mort en bas âge ; un autre fils, Antoine-Auguste, était né à Mitry le 27 octobre 1800, et une fille nommée Clarisse, à Serres, le 29 février 1802 ; une dernière fille, qu'on appela Mira, vint au monde au Vivier le 31 mars 1808. Giroust tenta de faire l'éducation de son fils Auguste, tâche toujours délicate, mais il dut en remettre le soin à un cousin, Pierre Giroust, chef d'institution à Paris : par suite, ce fils ne fut pas préparé pour la carrière paternelle.

Sept années s'ajoutèrent à celles déjà écoulées dans l'abandon des travaux d'art. Le Vivier devint triste; la nouvelle génération, un groupe de jeunes filles, parmi elles la fille aînée du peintre, se réunissait de préférence chez le grand-oncle Charles, qui s'était retiré, non loin de Morte-fontaine, dans une antique habitation, à Viviers, sur la lisière de la forêt de Villers-Cotterets, un reste peut-être de l'une des premières fondations, au moyen âge, de l'ordre des Prémontrés. [2]

. . . .
. . . .

----

(1) Les époux Maxime Giroust, dans leur longue carrière, reviendront habiter Mitry, au hameau de Mory, puis ils finiront leur vie près du berceau de la famille, à Lagny. Ils avaient élevé quatre filles : ces vénérables doyens, entourés d'une belle famille, offriront jusqu'au milieu de notre siècle, comme un doux reflet des bonnes et simples mœurs bourgeoises d'un autre âge. On conserve un aimable portrait de Mme Giroust, par Jules Boilly ; on avait connu Boilly père (1762-1845) d'origine artésienne, et nous n'avons pas été surpris d'entendre faire des rapprochements avec le talent facile et naturel de ce peintre de genre, à propos de certaine œuvre d'Antoine Giroust.

(2) Charles Giroust, dit le jeune, était ce négociant établi à Paris, rue Saint-Denis, qui, vers 1770, avait accueilli les premiers pas de notre artiste. Resté veuf peu de

Les désastres de la fin de l'Empire, la première invasion,
apportèrent de nouvelles tristesses à l'artiste patriote, sans
atteintes matérielles : il en fut autrement de l'invasion de
1815.

Giroust, qui ne s'était pas attaché à l'Empire, n'avait pas
eu à faire acte d'adhésion à la première Restauration ; il
eût pu aussi s'abstenir dans la difficile période des Cent Jours,
libre de tous engagements ; mais il était de ces esprits que
tant d'espérances déçues depuis 1789 n'avaient pu détourner
de la liberté, et qui rêvèrent un nouvel Empire capable de
réaliser les promesses de la Révolution. Pressé par le vœu
de ses concitoyens, il accepta malheureusement d'être maire
de Mitry.

L'inévitable guerre s'accordait mal, quelle qu'en fût l'issue,
avec ces conceptions libérales : les faits parlèrent vite. A la
défaite succédèrent les ravages et les humiliations de la
seconde invasion, débordant sur les alentours de Paris par
toutes les routes du Nord. La situation de Giroust, comme
maire de Mitry, lui créait le devoir de protéger ses admi-
nistrés : il n'y faillit pas, mais dans sa demeure dévastée il
eut à subir d'ignobles violences ; son cœur généreux en fut
ulcéré, son esprit élevé en fut abattu au point de ne pas s'en
relever.

Dénoncé comme hostile à la Monarchie, l'estime publique,
tout son passé honorable, le plaçaient assez haut pour que
l'administration préfectorale ait pu répondre : que le Roi
voudrait avoir beaucoup de serviteurs pareils.

temps après sans enfants, il avait voulu, dans son chagrin, entrer à la Trappe ; mais
détourné de ce dessein par un religieux, il avait contracté un second mariage très
honorable avec une veuve, et, bientôt retiré dans la vie agricole, sur une terre du
Soissonnais, Mortefontaine, entre les forêts de Compiègne et de Villers-Cotterets, il
y avait élevé une belle famille : entre plusieurs filles, une fut mariée, comme nous
l'avons dit, à son cousin Maxime Giroust, une autre forma, dans la famille, la branche
C'''. La vie austèrement patriarcale de cette maison n'empêcha pas la tristesse de s'y
glisser : ses vertus et ses disgrâces ont donné trop de pages à un livre coupable qui fit,
sous le Directoire, un grand bruit et qui a trouvé des échos un peu complaisants de
nos jours (Monselet, Mary Summer, de Pontmartin). Charles Giroust, retiré à Viviers,
y mourut dans un âge très avancé, se livrant à des actes de bienfaisance dont un
monument, au cimetière de ce village, conserve encore le souvenir.

Parmi les oncles et tantes qui ont vécu contemporains de notre peintre, nous avons
déjà nommé François Giroust, dit des Postes, qui, marié à Gabrielle Paillet, laissa
deux enfants. On peut encore citer : Marie Geneviève, épouse Deshuissart, qui eut le
domaine de Saint-Martin, près Crécy ; et Geneviève Elisabeth, veuve Bocquet, qui
survécut à son fils, Charles Bocquet des Tournelles, avocat au Parlement à partir de
1769.

Dans une visite que Giroust fit au duc d'Orléans, rentré au Palais-Royal à la fin de juillet, après avoir évoqué le souvenir des jours d'honneur militaire, il dit ses tristesses, montra ses épaules meurtries. Le prince ne pouvait que compatir à son ancien compagnon d'armes, mais quelques sentiments, peut-être partagés autrefois, avaient pu être modifiés par un long exil; lui-même d'ailleurs, sous le poids des événements, ne faisait encore qu'entrevoir la France; avant de retrouver ses foyers, il devait séjourner dix-huit mois en Angleterre.

Depuis ces événements, le moral de Giroust, privé des consolations de l'art et de l'étude, ne fit que s'affaiblir. Avec plus de tranquillité d'esprit, il n'eût pas été insensible aux efforts que faisait le nouveau Pouvoir pour se concilier les hommes dont le talent avait marqué dans le passé. Sa situation dans les cadres de l'Institut restait la même.

Nouvelle transformation : l'ordonnance royale du 21 mai 1816 conservait à l'Institut sa dénomination toute moderne, en donnant à ses différentes classes l'ancienne dénomination d'académies, « afin, dit le préambule, de rattacher leur gloire passée à celle qu'elles ont acquise ». Les cadres furent élargis, la section de Peinture fut complétée à douze membres; Vincent et Ménageot, chefs éminents du parti académique, morts en 1816, furent remplacés; David, exilé, était exclu par prétérition; Guérin, Le Barbier, Girodet, Gros, Meynier et Carle Vernet furent désignés pour l'Institut par l'ordonnance de réformation; Prudhon y entra le 21 septembre 1816. Longtemps Prudhon avait occupé la tête de la liste des 36 correspondants; Giroust venait à la suite et se trouvait maintenant le premier. Avait-il quelque chance d'entrer à son tour dans la nouvelle Académie? Il n'était pas le moins notable des bien rares survivants de l'ancienne; mais sa carrière complètement délaissée était un amoindrissement de ses titres.

Giroust assista encore à la première de ces assises de l'art où la dynastie rétablie s'étudiait à répandre ses faveurs, en rattachant le présent au passé brillant de la Monarchie, à travers une période trentenaire; interrompue par les événements, l'Exposition de Peinture se rouvrit au Louvre le 24 avril 1817, non sans éclat, ni, pour nous reporter une fois de plus aux anciennes doctrines, sans quelque honneur pour elles. L'antiquité y était traitée avec une sage liberté et avec recherche de la couleur par Guérin *(Clytemnestre, Énée et Didon)*; l'âge moderne, avec la science de la composition et la sincérité d'expression, par Gérard *(le portrait du duc d'Orléans* en colonel général des hussards, avec sa suite; *l'entrée de Henri IV à Paris)*. Cette dernière œuvre fit événement : par une flatterie délicate, c'est seulement le 8 juillet, date anniversaire de la rentrée de Louis XVIII à Paris, que le tableau fut exposé au Louvre : le roi l'y visita le même jour, accueillant les explications données par l'artiste avec une spirituelle amabilité. Gérard avait fait, dès 1814, le portrait du roi, et Talleyrand avait ménagé ce prompt rapprochement; le titre de Premier-Peintre en fut la récompense.

Ces nouvelles tendances d'un art plus indépendant, ce souvenir réveillé de sa vie militaire, ces succès et cette conversion de l'élève favori de David, ne purent qu'agiter de sentiments bien divers l'âme endolorie de Giroust.

Son existence était minée par un long déclin, de moral devenu physique. Multiples en étaient les causes. Frappé d'une idée très fausse de la déchéance de son talent, Giroust n'avait pas su réagir contre un découragement : pour les âmes impressionnables d'artistes, l'appréhension de l'impuissance succédant aux efforts enthousiastes a d'affreux désespoirs; plus d'une belle existence en a été brisée; involontairement on nomme, parmi ces désespérés, Lemoyne, Robert, Gros. Les occupations si étrangères à l'art auxquelles Giroust s'était voué avec abnégation, ne lui avaient pas été plus heureuses : après les désastres de la guerre, des invasions, la calamiteuse disette de 1817 soulevant l'émeute sur les marchés vint mettre le désordre dans ses affaires. Dans le même temps, il voyait ses sentiments politiques honnis, persécutés, des réactions sans frein, des exils qui n'épargnaient aucune gloire. Sous le poids de ces tristesses, une humeur sombre s'empara de son esprit, que hantèrent les visions des scènes subies pendant l'invasion : c'était la défaillance de la pensée après celle de la main.

Le 9 juillet 1817, Giroust fut trouvé mort dans le parc de cette habitation du Vivier, d'où il s'était élancé, jeune homme, avec tant d'espoirs, dans la carrière des arts ; il n'avait pas encore accompli sa soixante-quatrième année. [1]

(1) Acte de décès : « L'an mil huit cent dix-sept, le dix juillet, à deux heures de relevée, par devant nous, Georges Dardel, maire de Mitry, sont comparus : MM. Louis-Ange Trubert, marchand de vin, demeurant à Paris, cour des Fontaines, n° 7, neveu du ci-après nommé à cause de demoiselle Desprez (Depré), son épouse ; Louis-Charlemagne Lucy, propriétaire, et Jean-Nicolas Pourcelt, entrepreneur de bâtiments, tous deux ses amis, demeurant en cette dite commune, ayant tous trois l'âge requis par la loi ; lesquels nous ont déclaré que le jour d'hier, à six heures du soir, Monsieur Jean-Antoine-Théodore Giroust, propriétaire, membre associé à l'Institut, natif de Bussy-Saint-Georges, canton de Lagny, arrondissement de Meaux, fils de feu sieur Antoine Giroust et de dame Jeanne-Françoise Taveau, sa veuve, marié à dame Françoise-Nicole Dieu, qui lui survit, est décédé en son domicile, ferme du Vivier, audit Mitry, âgé de soixante-quatre ans ; après nous être assuré dudit décès, nous avons dressé le présent acte que lesdits sieurs déclarants ont signé avec nous après lecture faite. Suivent les signatures ».

. . . .

. . . .

La mère d'Antoine Giroust ne lui survécut que trois mois.

Sa veuve reçut, entre de rares souvenirs du monde des arts, une lettre de condoléances de Madame David, dévouée à l'exil du peintre comme autrefois à sa prison : elle vécut très retirée au Vivier près de vingt années au delà.

La fille aînée et chérie de l'artiste, Caroline, fut établie dans la ferme du Vivier : héritière des énergies comme de la bonté de son père, elle eut une existence difficile et s'est éteinte à Paris le 14 février 1884, à l'âge d'environ 87 ans : un de ses derniers entretiens a permis de réunir la plupart des traits du présent récit.

Son fils Auguste n'avait pas été élevé pour les Arts ; il devint notaire dans un bourg voisin de Paris comme de Mitry. Un petit fait nous montre en lui une nuance du caractère paternel : vers 1830, le roi Louis-Philippe, traversant le terroir de G***, inspectait le bataillon de la garde nationale venu à sa rencontre ; le porte-drapeau s'avance, se nomme... « Le fils de mon cher Giroust ! » s'écria le roi, et il s'informa avec bonté de ce qu'il pouvait offrir en faveur d'un tel souvenir. « Une seule chose, Sire, la permission de vous embrasser », fut-il répondu.

Les deux plus jeunes filles furent établies, l'une dans la culture d'une grande ferme toute voisine de la terre de famille ; la dernière dans la maison de commerce de Paris, qui avait déjà accueilli des parents.

La nombreuse descendance d'Antoine Giroust a compté des hommes de science et d'étude, mais la troisième génération seulement se rattache par quelques-uns aux Beaux-Arts.

IX

Conclusion

Le nom d'Antoine Giroust, après avoir brillé d'un court
éclat, est tombé peu à peu dans un oubli presque complet,
à travers les crises d'art mêlées à la politique dont sa vie fut
agitée, et celles qui se sont succédé depuis. Les biographes
ont respecté l'obscurité à laquelle il avait voué la fin de son
existence.

Les dictionnaires de la Révolution sont muets sur l'artiste
qui, au début de cette période, achevait presque sa carrière
active, l'interrompant ou la faisant oublier à l'armée et au
fond d'une province.

Des critiques Allemands ont établi les premiers une
nomenclature un peu complète des artistes Français jusqu'à
leur temps : *Fiorillo* (Gœttingue, 1805), Nægler qui l'a
répété (Munich, 1807) ; Fiorillo dit que Giroust était un
peintre de talent qui se mit en réputation par son *Éponine
et Sabinus*, sa *Sainte Godelive*, son *Martyre des Machabées ;*
que ce dernier tableau, conservé au Musée de Versailles, lui
fait grand honneur ; Nægler ajoute toutefois que ce renom
de Giroust fut un peu obscurci par celui des peintres venus
après lui, et, en citant les trois mêmes ouvrages, il les
distingue parmi les *nombreux* tableaux de l'artiste. Ceux que

nous avons cités, les seuls connus de nous, forment au contraire un bien petit nombre ; et la justice rendue aux derniers travaux de notre peintre n'excuse pas l'omission de ceux non moins remarquables qui l'avaient signalé aux Salons de l'Académie ; il place la mort de Giroust vers l'année 1822, erreur que d'autres ont reproduite. [1]

L'*Encyclopédie des Gens du monde*, le *Dictionnaire des Artistes*, de Gabet, la *Biographie Universelle*, de Michaud, qui succédèrent à ces publications. n'ont même pas recueilli ces notes de l'étranger sur un peintre national. En ce qui concerne la *Biographie universelle*, nous noterons que Michaud aîné, ce bruyant porte-voix du royalisme, était lié par des relations de voisinage comme par les opinions politiques avec Giroust le père ; son silence à l'égard du fils, malgré des titres et sans doute quelque mérite, semble donc avoir été volontairement dénué de bienveillance.

Les biographes postérieurs, notamment la *Nouvelle biographie*, de Firmin Didot, ont réédité leurs devanciers sans combler cette lacune.

Il faut arriver à l'année 1866 pour retrouver le nom de Giroust dans une publication franco-belge, le *Dictionnaire historique des Peintres*, de Siret. Il donne une date de naissance inexacte et ne connaît de l'artiste que *Sainte Godelive, Éponine et Sabinus*, toujours ces dernières œuvres qui ne caractérisent pas la carrière militante de l'artiste.

Enfin, M. Bellier de la Chavignerie, continué par M. Auvray, dans le *Dictionnaire des Peintres, Sculpteurs et Architectes Français*, relativement si complet, a pris le soin de donner des dates d'état civil exactes et de relever, sans omissions, dans les Livrets qui les font connaître, bien que sous diverses orthographes, les œuvres exposées aux Salons

---

(1) Nægler aurait-il confondu l'œuvre de notre artiste et celui d'un peintre d'histoire et portraits qui parut après lui, *A. L. C.* Giroust, élève de David (1780-1835) ; dans la courte notice qu'il consacre à cet homonyme, il est fait mention d'un tableau « *Sabinus découvert* ». Ce tableau parut au Salon de 1814, et c'est après une longue interruption, en 1835. que le nom de l'artiste reparait avec un « *Sabinus, noble gaulois, prend le titre de César* » (Bellier de la Chavignerie).

A remarquer encore que dans une nomenclature de l'École française moderne (par Marmottan, 1886). l'auteur attribue à ce même Giroust, élève de David, « un portrait du duc de Chartres, enfant, qu'on voit à Versailles et qui est fort joli de ton » ; c'est certainement faire tort d'une de ses œuvres, que nous avons citée, à Antoine Giroust.

du Louvre par Giroust : cette source d'informations était certainement encore bien insuffisante. [1]

. . . .

Giroust n'a donc pas eu de juges, sauf l'insuffisant témoignage de Joachim Le Breton, qui lui assigne un rang indécis dans le groupe des peintres d'histoire qui honora la fin de l'ancienne Académie. Nous ne sommes pas en situation de suppléer à ce silence : toutefois, après avoir résumé dans les traits généraux ce que nous avons dit des travaux de Giroust, nous noterons notre impression.

Dans l'œuvre trop restreint de Giroust, on peut distinguer plusieurs périodes.

Ses études de début ont lieu sous l'empire des doctrines affaiblies de l'ancienne École Française, mais il est ramené au naturel par l'observation assidue des belles œuvres de la Renaissance dans une riche collection, et par l'enseignement réformateur de Vien.

Le séjour de Rome impose un autre stage d'études, mais sous deux Directeurs divisés de principes, l'un et l'autre écoutés : Vien, poussant le groupe des jeunes peintres, pour assurer la force du dessin, vers la nouveauté des études de la statuaire antique, à une époque où les théories de cet art viennent d'être brillamment établies ; Lagrenée, moins exclusif, attaché aux grâces modernes, plus favorable aux penchants naturels de ses pensionnaires. Giroust, en étudiant sur le chef-d'œuvre du Guerchin les secrets de la couleur, se détourna quelque peu du bas-relief ; c'est surtout à travers les œuvres du Poussin qu'il vit l'antiquité.

Avant son départ de France comme à son retour, il a voué ses premiers travaux à la famille, complétant une série d'ouvrages qui réflètent les variations de goût de la peinture depuis l'ancienne École jusqu'au style Romain. Pour sa réception à l'Académie, il offre une scène tirée du grand

(1) Qu'il nous soit permis, en citant ici Bellier de la Chavignerie, un condisciple, de rendre hommage à l'historiographe éclairé et consciencieux qui mourut jeune encore, victime de son dévouement, aux ambulances de Saint-Malo, où la guerre l'avait exilé.

Avec lui, nous n'avons pas reconnu Antoine Giroust sous le nom de *Girod*, peintre qui figure au supplément du livret de 1793, sans doute l'élève de l'Académie de ce nom qui prit part au concours du prix de Rome en 1774, suivant les procès-verbaux : Giroust, en 1793, était comme réfugié en Lorraine.

drame grec, *Œdipe*, sujet de curieuse émulation avec *le Bélisaire*, de David : il ne la traite pas avec recherche d'une grécité savante, mais avec un sentiment moderne, respectueux de la beauté antique.

L'heure de se produire aux Salons est enfin venue : Giroust y figure avec succès, en artiste indépendant ; la peinture religieuse prend une place importante dans ses travaux ; le genre Académique, les Portraits mis en scène, que des circonstances particulières l'ont amené à traiter, témoignent tour à tour de la force et de la souplesse de son talent.

L'ensemble de cet œuvre est un témoignage gradué de la perfection à laquelle l'ancienne Académie, se réformant d'elle-même, pouvait arriver sans recourir aux dures méthodes de l'archaïsme.

Cependant Giroust s'est joint aux adversaires de l'Académie, sous l'influence des idées nouvelles ; mais sa modération naturelle le rallie bientôt. Le moment était venu de se placer, par quelque belle composition, dans les premiers rangs de l'Académie, alors que les anciens Officiers déclinaient par l'âge, alors que David érigeait jusqu'à l'hostilité un système trop contestable. La politique, dont Giroust n'a pu s'affranchir, la pression des événements, en décident autrement : au fort de la crise révolutionnaire, il abandonne ses pinceaux pour l'armée, et bientôt l'armée le rejette, exilé dans une autre existence.

Les orages passés, l'artiste se ranime, encouragé par un titre qui le rattache à l'Institut, par la perspective d'une ère de paix et de sage liberté ; mais, encore ému des violences auxquelles l'École archaïque s'est associée, partisan des méthodes sévères sans austérité, inquiet de symptômes de relâchement, il s'attache plus fortement aux traditions de l'ancienne Académie ; il espère qu'avec l'aide de l'expérience acquise, la chaîne de ces traditions sera renouée pour l'avenir. Tentative vaine, inférieure peut-être à lui-même ! Les âges ne se renouvellent pas identiques pour l'art toujours en marche. Le découragement est venu ; la carrière du peintre est prématurément terminée.

. . . .

Si nous cherchons à caractériser le talent-de Giroust, un mot célèbre, « le dessin est la probité de l'art », nous vient de suite en mémoire. Giroust avait cette probité ; mais il n'était pas moins probe dans l'emploi discret et étudié de la couleur, dans la recherche de l'idéal uni à la sincérité de vie et de nature.

Faut-il le mettre en regard d'émules ? Nous empruntons aux contemporains quelques-uns des traits distinctifs qu'ils ont tracés de ces rivaux

Aux Écoles de Paris et de Rome, Giroust se forme à côté de Regnault; comme lui, plus tard, il aborde des genres divers, notamment la peinture religieuse, sans s'éloigner des études de l'antique qui ont toutes les préférences du temps, mais « en traduisant librement, d'un esprit indépendant », les anciens âges. Leurs qualités sont d'ailleurs diverses : Regnault « brillant par la facilité du pinceau, l'expression dramatique, mais parfois excessif » ; Giroust toujours juste et mesuré.

Il se rapproche d'un autre condisciple, David, par « la fermeté du dessin, la perfection des détails ».

Chez lui, « la sagesse raisonnée de la composition, une grâce naturelle », appellent la comparaison avec Vincent, « homme d'étude et d'esprit ».

Une certaine « pénétration de sentiment, un charme de tendresse » font penser aux meilleures œuvres sorties du pinceau de Gérard.

C'est entre ces quatre noms, semble-t-il, Vincent, David, Regnault, Gérard, pour suivre l'ordre des dates, que Giroust, plus soigneux de sa renommée, moins victime des événements, eût dû marquer sa place, comme l'un des jeunes chefs d'une École académique réformée.

« Peintre consciencieux, talent sûr et honnête, son pin-
» ceau atteignait une réalité et une justesse d'expression qui
» rejettent bien loin ceux de nos artistes modernes, qui, se
» disant réalistes, ne sont souvent que grossiers et oublient
» l'âme en peignant l'homme. » Nous aimons à terminer sur ce jugement, émis, au sujet du *Saint François d'Assise*, par une personne du monde qui fut une artiste du goût le

plus délicat ; jugement recueilli d'hier, et auquel déjà est acquise la sereine autorité d'une dernière pensée d'art.

. . . .

. . . .

L'intéressante période de la peinture d'histoire qui, dans notre École nationale, s'est développée entre l'enseignement de Vien et la chute de la Monarchie, mériterait d'être relevée d'un injuste dédain par une étude complète. Une place moindre y serait peut-être faite à la peinture statuaire et archaïque qui a eu des suites médiocres, une plus grande aux artistes qui s'éloignaient de ce système et prétendaient se rattacher aux traditions Françaises : l'évolution de notre École de Peinture vers l'âge moderne a pu trouver en eux, avec autant de logique, un point de départ assuré.

Nous exprimons le vœu que notre Musée national du Louvre offre enfin, à la curiosité comme à l'étude, une série complète et chronologique de tableaux résumant l'histoire de l'Art Français, série où tout artiste de mérite serait représenté par une œuvre choisie. L'époque de transition et de réforme académique, presque oubliée dans la collection actuelle, y occuperait une place distinguée, et Antoine Giroust ne saurait en être exclu.

. . . .

. . . .

. . . .

Les troubles révolutionnaires ont dispersé, voué à l'oubli ou détruit une partie des œuvres de Giroust.

Les dévastations de l'invasion de 1815 dans son passage au Vivier, ont été dépassées, à cinquante-cinq ans de distance, par une troisième invasion : pillage et destruction se sont appesantis sur ce qui était conservé de l'artiste par son fils, dans cette même demeure : son portrait en jardinier, des esquisses, dessins et écrits. Le Vivier avait dû être abandonné à l'heure désolée, entre toutes, où les populations de la Brie se dérobaient aux désastres, les uns se renfermant dans Paris bientôt assiégé, les autres errant misérablement sur les routes de l'Ouest.

Ce n'était pas assez de mauvaise fortune. Deux œuvres notables de Giroust, son *Alexandre visitant Diogène*, son *Éponine et Sabinus*, en plus des portraits de famille, des souvenirs intimes, avaient été recueillis par l'une de ses petites-filles habitant Paris ; après la guerre étrangère, il fallut faire la guerre civile : ces œuvres, ces reliques furent consumées dans les incendies allumés par la Commune au boulevard du Prince-Eugène. Et cela, après un sort pareil fait à la *Leçon de Harpe*, peut-être à la *Sainte Thérèse*, par la Révolution ! Giroust, qui l'avait servie, lui devait-il de si durs tributs ?

CORRECTIONS ET NOTES ADDITIONNELLES

Page 4, *ligne 21* : Lisez 1770. Madame Roslin fut reçue le
1er septembre de ladite année, et il fut arrêté qu'on ne pourrait
admettre au delà de quatre académiciennes.

Page 5, *ligne 15* : Vien et Lépicié eurent atelier et logement au
Louvre, où la munificence royale groupait une population d'élite ;
c'est donc près d'un foyer intense de lumière que Giroust poursuivit
ses études.

« Nous avons eu cest égard en la construction de nostre gallerie
du Louvre, disent les lettres patentes de Henri IV, d'en disposer le
bastiment en telle forme que nous y puissions commodément loger
quantité des meilleurs et plus suffizans maistres qui se pourraient
recouvrer, tant de peinture, de sculture, orfevrerie, orlogerie,
insculture en pierreries, que aultres de plusieurs et d'excellentz
artz... » Le Roi conférait à ces artistes divers privilèges et exemp-
tions qui les affranchissaient, eux et leurs apprentis, du contrôle
jaloux et des charges des maîtrises. Ces logements étaient situés à
l'étage au-dessous de la grande galerie et au rez-de-chaussée, en
partage avec l'Imprimerie Royale, le cabinet des Médailles et autres
services.

Sous les règnes suivants, quand Saint-Germain et Versailles
furent adoptés comme résidences royales, les concessions de logements et d'ateliers s'étendirent libéralement à une grande partie du
Louvre, puis aux Tuileries. Les brevets pour les galeries compor-
taient une jouissance viagère souvent transmissible à la veuve des
artistes et à leurs enfants élevés dans l'art paternel. Les permissions
du Louvre étaient plus précaires, toujours sujettes à changements :
en revanche, les occupants jouissaient d'une grande liberté dans le
petit domaine qui leur était concédé ; chacun maçonnait à sa
fantaisie des réduits dans la cage vide du superbe bâtiment.

L'état d'abandon du Louvre inachevé était trop d'accord avec
ces profanations : au vieux Louvre de Pierre Lescot et de Lemercier
correspondaient, encore échafaudées, les grandes constructions de
Louis XIV délaissées par caprice, dépourvues de leur couronnement de balustres ; la cour de l'antique château, celle du nouveau
Louvre qui en quadruplait l'étendue, étaient encombrées d'échoppes,
de gravois des ateliers de sculpture ; les logements étaient tous
éclairés sur ces cours, les parties non occupées du palais consistant
en corridors obscurs sous les poutres à nu des toitures ; au dehors,

des bâtisses parasites s'étaient incrustées au monument sans clôtures. Tout au plus les Directeurs des Bâtiments, de Marigny, d'Angivilliers, avaient pu prendre quelques mesures de propreté, ce dernier en déblayant et décorant de gazons la cour du Louvre, ce qui avait fait dire, en raillerie de l'Académie Française devenue à son tour hôte privilégiée de la demeure royale :

> Des favoris de la Muse Française
> D'Angivilliers a le sort assuré ;
> Devant la porte il a fait croître un pré
> Pour que chacun y pût paître à son aise.

L'Académie de Peinture et de Sculpture tenait ses séances dans la salle dite des Sept Cheminées où sont groupées de nos jours les premières œuvres de l'âge moderne ; elle occupait aussi le salon voisin affecté aux bijoux antiques, le salon octogone à la suite, et deux petites salles voisines de la Galerie d'Apollon. Cette galerie, déjà visitée par l'incendie, servait, avec le salon carré contigu, aux expositions des travaux des académiciens et agréés ; asile médiocre, à en croire des vers bien connus, faits sur le Salon de 1777 :

> Il est au Louvre un galetas
> Où, dans un calme solitaire,
> Les chauves-souris et les rats
> Viennent tenir leur cour plénière :
> C'est là qu'Apollon sur leurs pas,
> Des Beaux-Arts ouvrant la barrière,
> Tous les deux ans tient ses états
> Et vient placer son sanctuaire.

Au rez-de-chaussée se trouvaient les salles d'enseignement.

L'Académie Française se réunit longtemps dans la Salle des Cariatides. Non loin, dans les parties les plus habitables, les académies-sœurs, Architecture, Inscriptions et Belles-Lettres, Sciences.

La petite galerie ou Salle des Antiques, œuvre de Catherine de Médicis, décorée de peintures italiennes, était devenue un magasin confus d'objets d'art sous la garde de Pajou. L'hôtel voisin de M. d'Angivilliers donnait asile aux dessins, à la garde de Cochin.

L'École royale des Élèves Protégés qui, pendant un quart de siècle, avait servi à préparer les lauréats au pensionnat de Rome, avait ses classes installées au Louvre, mais ses logements dans une maison du roi voisine.

Vien était installé aux Galeries, mais changea pour le Louvre en devenant Premier Peintre. Le contraire eut lieu pour Lépicié qui eut d'abord son atelier dans la cour du vieux Louvre ; c'est là que nous voyons Carle Vernet, placé par son père, faire un long stage, condisciple sans doute, pendant quelque temps au moins, de Giroust *(les Vernet*, Lagrange, Durande). On n'en saurait induire de relations d'amitié entre deux artistes que séparaient le caractère, les habitudes, les relations sociales, en se rappelant que Carle Vernet, enclin aux plaisirs, était fêté, avec cet illustre père, du cénacle de Mme Geoffrin aux plus grands salons de l'aristocratie et de la finance. On peut encore citer, parmi les noms de cet atelier, Godefroy, d'une famille de restaurateurs de tableaux, et Gounod, second prix de 1783, père de notre grand musicien.

Page 5, ligne 18 : La lettre de Mirys est adressée au Comité de Salut public à la date du 4 floréal an II (24 avril 1794). Le peintre dessinateur se défend de pouvoir être compris dans la cla se des nobles, par ce motif que le tyran de Pologne lui aurait adressé un diplôme illusoire de baron ; il n'a pas fait une dédicace d'ouvrages qui était le but de cette gratification. Né en Pologne d'un père Français, il se réclame de 26 années de travail de ses mains, commencé en 1769 comme élève de Vien, dont il a suivi les leçons en même temps que le célèbre David, député à la Convention ; il a obtenu de cette Assemblée une mention honorable pour son ouvrage intitulé : *Figures de l'Histoire romaine*, et il offre de le continuer par les conseils et sous la direction immédiate du Comité d'instruction publique. (Il était heureux pour le pétitionnaire que David fût membre influent de ce Comité).

Page 11, ligne 5 : Sur le tableau *la Maladie d'Antiochus*. — En déterminant « le moment de l'action que choisira un goût délicat », l'annotateur du *Musée royal* n'a attribué à Lairesse cette délicatesse de choix que sous forme dubitative : concession grande, croyons-nous, à un geste équivoque, en présence d'une sorte de Mercure négociateur qui remplace le médecin Erasistrate, la couronne déjà laissée de côté. Van der Werff ne laisse pas place au doute : Stratonice, amenée par son époux, se présente la poitrine nue au jeune malade ; derrière elle, le médecin se confirme dans sa découverte qu'il a révélée. David n'est pas moins expressif dans cette conception déplaisante de l'offre d'abandon de Stratonice. Plus tard Guillemot, son élève, grand prix de 1808, mettra dans sa composition plus de réserve, sans s'affranchir de la raideur de cette école. Enfin l'œuvre maîtresse d'Ingres, sa Stratonice, peut donner lieu, à ce point de vue, à quelques observations. Elle a été précédée de divers essais : au cabinet des Estampes est conservé un dessin ; Seleucus, appuyé sur une colonne, cache déjà son visage ; Antiochus demi-nu, un bras pendant, Erasistrate assis à son côté, expriment ouvertement, l'un sa passion, l'autre sa surprise ; la reine, immobile au pied du lit, réfléchit. A l'Exposition d'Alsace-Lorraine de 1885 a figuré une variante en peinture de petite dimension : même groupement des trois principaux personnages, mais on croit reconnaître chez Stratonice une pensée éloignée de la tristesse, alors qu'Antiochus garde mal son secret, se renversant le visage entièrement perdu dans le lit où il gît étendu : le médecin mis au second plan est remplacé au premier par deux lévriers. Quant au tableau définitif, Thoré, entre autres louanges mêlées de critiques, a dit (Salon de 1840) : « Le mouvement du jeune Antiochus, qui dresse son bras gauche sur sa tête malade, *effarée*, pour ne pas voir Stratonice qui passe, pensive, au pied du lit, est sublime. Erasistrate le médecin, debout derrière lui, le couvre de sa protection et fait un *geste d'étonnement*. » Si cet effarement, si ce geste échappent au père d'Antiochus, au mari de Stratonice, prosterné dans sa douleur, peuvent-ils ne pas appeler l'attention d'inévitables assistants, vaguement indiqués ?

La réserve délicate dictée par l'illustre critique de 1816, Giroust l'avait pleinement conçue : son médecin, acteur dans le drame, en accentue seul la phase critique, par un regard, un mouvement discret de la main ; Antiochus souffre avec dignité pour son secret; Stratonice s'avance entourée, royalement parée, noble d'attitude ; son léger embarras s'explique si, comme l'a voulu Thomas Corneille en traitant ce sujet, elle a conscience de la passion du jeune prince, mais partage sa contrainte vertueuse.

Page 13, ligne 10 : La coiffure signalée, relevée en épi sous des barbes de dentelles, participe des modes successivement introduites par l'exemple de la reine Marie-Antoinette : les unes hautes, dites coiffure *hérisson*, à la suite desquelles parurent les jardins, montagnes, parterres, forêts ; les autres, basses, dites *à l'enfant*, quand sa belle chevelure cendrée, dont la teinte était admirée sous le nom « couleur cheveux de la reine », fut immolée par le ciseau à la suite d'une couche (1778) (*Histoire-Musée*, de Challemel).

Page 15, ligne 34 : L'abbé Barthélemy (1716-1795), membre de l'Académie Française et de celle des Inscriptions et Belles-Lettres, envoyé par le gouvernement en Italie pour enrichir le Cabinet des Médailles, dont il avait la garde, était loin de s'occuper uniquement de numismatique ; ses notes de voyage et sa correspondance avec le comte de Caylus (publiées par Sirieys en l'an X) nous montrent la variété de ses travaux. Pour les Beaux-Arts, il propage la connaissance de l'antique procédé de la peinture à l'encaustique, retrouvé par de Caylus, dont témoigne une tête de Minerve peinte par Vien ; il retrouve dans un manuscrit de Bologne l'art de la peinture sur verre et l'application de l'or sur vélin ; il étudie la Renaissance aux Galeries de Florence et l'Antiquité au Musée de Portici, analysant les fresques, dévoilant les reproductions frauduleuses, favorisant les recherches de nos pensionnaires sculpteurs et architectes. Pour l'archéologie, il vérifie au Capitole la première lecture qui ait été faite d'une inscription Palmyrénienne, il scrute la langue et l'art Étrusques, et traversant la Gaule romaine, il restitue l'Inscription votive de la Maison Carrée de Nîmes au moyen des traces qu'ont laissées les clous d'attache de ses lettres métalliques. Dans toutes les branches des connaissances, il réunit les matériaux de son *Voyage du jeune Anacharsis*, ouvrage résumant les découvertes de cette période d'archaïsme, qu'il élaborera pendant trente ans avec l'appui de l'amitié toujours dévouée de la duchesse de Choiseul.

Page 17, ligne 1 : L'École de Rome, après avoir occupé divers locaux provisoires sous Errard, son premier directeur, fut installée en août 1673, par Noël Coypel, qui le remplaçait temporairement, au palais Capranica, au centre populeux de la ville, non loin de l'église Saint-André-della-Valle et du Panthéon. Lorsqu'après des fortunes bien diverses, comme notre situation politique et financière, l'École reprit de l'éclat sous Poërson, que vint assister puis remplacer Vleughels, elle fut installée par eux (Juin 1725) dans le palais Mancini ou de Nevers, pris d'abord en location. Ce palais des Mancini avait passé au duc de Nevers, le neveu et l'opulent héritier des Mazarins, puis à l'un de ses fils, le marquis de Mancini, de qui le Roi l'acheta en 1737, sous l'impulsion du duc d'Antin : Vleughels le décora de tapisseries des Gobelins, y donna de brillantes fêtes, y permit des mascarades dont le souvenir est resté. Il était situé vers l'extrémité du Corso qui aboutit à la place de Venise, à la hauteur de celle des Saints-Apôtres, entouré des monuments de la Renaissance et des ruines de Rome antique ; façade très décorée, d'un style moitié italien, moitié français, telle qu'on la voit encore aujourd'hui. « Deux étages, sans compter le rez-de-chaussée et les mézanines qui sont dans la corniche... Au rez-de-chaussée, à droite, on trouve les salles d'académie d'été et d'hiver où l'on pose le modèle, et une salle où sont les plâtres de la statue de Marc-Aurèle et de plusieurs autres antiques ; d'autres salles où sont entassés, les uns sur les autres, une partie des bas-reliefs de la colonne Trajane, etc., ensuite des remises et écuries ; à gauche sont les salles à manger des élèves. Tout le premier étage sur la rue, appelé l'appartement du roi, est rempli des modèles en plâtre des plus belles statues de Rome et de Florence. Le Directeur de l'Académie occupe tout le second étage, composé d'environ vingt grandes pièces. Les élèves sont logés au-dessus et leurs chambres n'ont que la hauteur de la corniche ; il serait à souhaiter qu'ils eussent de grandes pièces et un plus beau jour ; que le premier étage, qui est inhabité, fût moins magnifique, et qu'on n'eût pas exilé les élèves sur la corniche ; ils auraient plus de commodité dans leur travail ; d'ailleurs la rue du Cours est trop bruyante pour une maison d'étude ». (De la Lande, *Voyage en Italie*, t. IV, p. 437. — 1786). Un règlement sévère du Directeur général Orry avait bien prescrit de détacher de l'appartement haut deux pièces pour servir de salles communes mieux éclairées à l'étude et au travail de composition des pensionnaires (Lecoy de la Marche, p. 36), mais le fastueux de Troy, qui remplaça Vleughels en 1738, fit-il ce changement ? Vingt-cinq années du directorat de Natoire, agité et compromis par des questions de finance (1752-1775), appelaient de sérieuses réformes, que Noël Hallé fut chargé d'étudier avec le titre de commissaire du roi, et Joseph-Marie Vien d'appliquer.

Le règlement fut strict. Lever à cinq heures du matin (adouci plus tard pour l'hiver), la pose du modèle à six heures pour une étude de deux heures, après lesquelles liberté des travaux à l'Académie ou dans les églises ou palais, repas communs réglés, rentrée du soir à 10 ou 11 heures selon la saison, « le repos de la nuit étant nécessaire au travail du lendemain. » Études obligatoires de perspective, d'anatomie (Houdon venait de faire pour l'Académie son célèbre *Écorché*). Obligation d'envoyer tous les ans à Paris un ouvrage d'après le modèle ou les grands maîtres, en y joignant quelque composition ; de faire pour le Roi une copie (pour laquelle toiles et couleurs sont fournies) d'après quelque œuvre célèbre On ne permet aux pensionnaires « aucune magnificence dans les habits ; on ne doit voir dans leurs vêtemens que la propreté, la simplicité et le goût ». Il est enjoint « d'avoir la plus grande réserve dans les propos qui se tiennent à table... de se livrer très modérément à la société, les visites trop fréquentes nuisant à l'étude et aux talents ». Nos peintres reçoivent en arrivant un chétif mobilier, une boîte à couleurs et deux palettes ; ils ont droit au prix que coûte un modèle pendant douze jours pour les exercer. Permission d'un voyage à Naples : la nourriture est donnée au retour en argent sur le pied de 3o baïoques par jour (1 fr. 62 c.), pour un mois seulement, et sans que cette faveur soit attachée à d'autres séjours, comme Tivoli, Frascati. Une subvention annuelle de 3oo livres était allouée aux pensionnaires pour leur entretien, qui comprenait des dépenses d'étude somme bien modeste pour une bonne tenue et souvent une représentation officielle. Vien ajoutant à ces règles écrites, astreignit à la discipline des pensionnaires les élèves externes, c'est-à-dire simplement logés à l'Académie, défendit d'inviter des étrangers à la table commune, fit condamner certaines petites portes de sortie qui favorisaient le désordre, tenta même d'imposer un uniforme. Ces sévérités ne pouvaient manquer de rencontrer des résistances, mais toute adhésion fut donnée aux doctrines ramenant les jeunes artistes de la peinture de genre à celle d'histoire, et à l'exposition annuelle de leurs œuvres, qui fut très appréciée des Romains.

Le successeur de Vien, Louis Lagrenée l'aîné (1782-1787) était plus débonnaire ; celui qu'on a appelé le Peintre des Grâces décentes ne pouvait afficher des principes bien absolus, ni dominer les doctrines qui s'imposèrent avec les premiers disciples de David, notamment le jeune Drouais, l'égal déjà de son maître. Enfin Ménageot dirigea non sans peine une nouvelle génération, assez indépendante, qui comptait Fabre, Girodet, Lethière, Meynier, jusqu'au jour où, à la suite de la nomination de son successeur, « l'horrible aristocrate Suvée, l'ignare Suvée, » écrira David (lettre déjà citée). la suppression du directeur de l'Académie fut décrétée (26 novembre 1792) ; bien peu après, le 13 janvier, l'ordre de la Convention de remplacer les insignes royaux par l'écusson de la République dans le Palais Mancini, amena sa dévastation par la populace romaine, le meurtre de l'agent Hugon de Basseville, la dispersion de l'École.

C'est seulement en 1801 que Suvée put prendre possession de son poste, mais le palais Mancini avait été rendu inhabitable par l'invasion Napolitaine succédant à l'émeute ; il fut échangé, en 1803, contre la Villa Médicis, où l'École s'installa le 1er novembre 1804, nouveau séjour réunissant tout ce qui manquait au précédent, l'espace. le calme. un asile d'études. Sur la colline que décoraient au siècle d'Auguste les jardins de Salluste et de Lucullus, la Villa romaine des grands Florentins, bien que dépouillée de ses chefs-d'œuvre au profit de la Toscane, brille par ses façades riches de toutes les élégances de la Renaissance ; ses parterres peuplés de vieux marbres, ses allées de charmilles et l'antique rempart si pittoresque où s'espacent des ateliers, s'offrent à la promenade méditative ; sur une terrasse plus élevée, *le bosquet réservé*, (une futaie inviolée de chênes verts où les herbes folles et l'acanthe superbe croissent au gré de la nature), le repos du soir réunit les pensionnaires. De cette hauteur, la rêverie s'égare en de merveilleuses perspectives étagées sur les promenades du Pincio, le parc Borghèse, la place du Peuple, la ville des monuments éternels et un horizon infini, à l'heure où le soleil, s'abaissant enflammé derrière le dôme de Saint-Pierre, glisse ses derniers rayons sous le couvert du feuillage et remplit l'air de ces transparences pâles particulières à la lumière de Rome. Dans cette aimable résidence, l'École nouvelle a pu, mieux que l'ancienne, développer l'imagination et le goût moderne de la nature : puissent les convoitises qui l'assaillent ne jamais l'enlever à la France !

Page 26, ligne 13 : A partir de 1781, le duc de Chartres entreprit au Palais-Royal de grands changements, occasionnés par le second incendie de l'Opéra, à 18 ans de distance d'une première réédification. Sur son emplacement fut établie l'entrée de la rue de Valois, débouchant de la rue Saint-Honoré, avec construction d'un groupe de maisons et réfection de cette aile du palais. Puis, sur l'emplacement de partie du jardin, il fut arrêté de créer un grand quadrilatère de colonnades et somptueux bâtiments, avec rues latérales (de Valois, de Beaujolais, de Chartres), opération fructueuse suggérée par le marquis du Crest, frère de Mme de Genlis, pourvu bientôt du riche poste de chancelier du nouveau duc d'Orléans (1785) : l'architecte Louis éleva les trois côtés que nous voyons encore, le quatrième, qui devait former une colonnade à jour, ne fut pas construit ; la célèbre Galerie de Bois en tint lieu. Le côté gauche du Palais fut entièrement modifié. Là s'élevait la grande galerie régnant sur la rue Richelieu, construite par Louis XIV sur les dessins d'Hardouin Mansart, précédé d'un superbe salon édifié par Openord sur les ordres du Régent, qui avait réuni dans ces lieux la plus riche des collections de tableaux. Cette nouvelle galerie dite d'Énée (celle de Richelieu dite des Hommes Illustres), éclairée sur le jardin, avait été décorée de 1703 à 1720 par Antoine Coypel, qui, en retraçant la mythologie de l'Énéide, avait divinisé plus d'une figure contemporaine. Le rez-de-chaussée de cette galerie était occupé par les jeunes princes d'Orléans ; au devant, le parterre d'Énée, séparé du grand jardin par une grille. Louis modifia ces constructions et édifia, en 1787, le théâtre des Variétés Amusantes. depuis Théâtre de la République et Comédie-Française, restaurée par Moreau. Alors le Palais-Royal, dans tout son éclat, exempt du contrôle de la police, devint le centre des dissipations, mais bientôt aussi des séditions.

Page 29, à la note : L'effigie de Calonne, réfugié en **Angleterre**, fut brûlée sur la place Dauphine en *septembre 1787*, au retour du Parlement exilé à Troyes ; mais ses collègues au ministère eurent même sort ; Loménie de Brienne, *le 25 août 1788 ;* de Lamoignon, trois mois après. Ces divers débuts de la Révolution se prêteraient à l'anecdote de Giroust.

Page 31, note 2 : Lire *de Charnois ;* son nom est donné par *le Mercure* en décembre 1787, comme rédacteur du Salon de ladite année.

Page 32, à la note : Ajouter qu'on rencontre aussi au Louvre un tableau de *Gérard Zeegers* (1589-1651), Saint François soutenu par deux anges écoutant en extase la musique céleste d'un autre ange ; cette œuvre flamande, d'aspect italien, chose rare, peut donner lieu à quelques rapprochements avec Giroust pour la figure principale, sinon pour l'expression, au moins pour l'attitude ; mais il y a peu d'idéal chez les personnages célestes.

Page 34, ligne 32 : Salon de 1789, *Les Élèves au Salon* ou *l'Amphigouri.* Dialogue entre trois personnages : l'Enthousiaste, l'Antique, les Grâces et le Goût (réunis en une seule personne).

L'Enthousiaste : Je vois avec chagrin que le talent de *M. Girou* n'a pas été plus occupé ; sa *Sainte Thérèse* nous dédommage, à la vérité ; son expression est noble, son âme est sur ses lèvres ; ce tableau est d'une belle couleur et fermement rendu.

Et plus loin, l'Enthousiaste : J'avais passé dans le Salon sans voir un tableau de M. *Girout*, représentant, à ce que je crois, Œdipe à Colone ; ce tableau est plein de pathétique et d'expression. Œdipe, rempli de chaleur, semble porter dans son âme le regret d'avoir maudit son fils ; il est prêt à fléchir et à se rendre aux larmes d'Antigone, qui implore sa clémence pour le pardon de son frère, qui, confus de son crime, n'ose toucher même le vêtement de son père. Ce tableau est rendu avec une expression profonde et savante ; il rappelle les œuvres de Sophocle que M. *Girout* paraît avoir souvent consultées. Il rend avec beaucoup d'art la simplicité et le sublime de ce poëte immortel.

L'Antique : Tu te trompes, le sujet est Bélisaire ; c'est un tableau du premier ordre, il me fait plaisir à voir.

Page 72, ligne 13 : Au lieu de *Épicharis*, lire *Eucharis.*

TABLE

PONTOISE. — IMPRIMERIE Amédée PARIS